Harcèlement au travail

Identifier, prévenir, désamorcer

Éditions d'Organisation
Groupe Eyrolles
61, bd Saint-Germain
75240 Paris cedex 05

www.editions-organisation.com
www.editions-eyrolles.com

© Groupe Eyrolles, 2007
ISBN : 978-2-212-53830-4

Élisabeth GREBOT

Harcèlement au travail

Identifier, prévenir, désamorcer

EYROLLES

Éditions d'Organisation

Sommaire

Chapitre 3
Les multiples visages du harcèlement 67

VIII

Introduction

De la plainte au vrai harcèlement

Aujourd'hui, le harcèlement inquiète tous les professionnels : managers, dirigeants, collaborateurs, DRH, salariés, agents de l'administration, etc. Personne ne semble à l'abri d'un harcèlement ou d'une accusation de harcèlement. Cet ouvrage propose neuf questionnaires aux cibles, acteurs ou témoins de harcèlement et répond aux nombreuses questions que pose le harcèlement au travail, qui envenime tant les relations professionnelles.

Est-ce vraiment du harcèlement ?

Êtes-vous cible d'agissements hostiles ou victime de harcèlement ? Êtes-vous acteur ou témoin d'agissements hostiles ou de harcèlement ? Quels sont les actes prouvant le harcèlement ? Comment démasquer les vraies accusations des fausses ? Quelle est la définition du harcèlement moral au travail donnée par la loi ? Le harcèlement moral au travail est-il un délit ? Quelle est la responsabilité de l'employeur ?

Le chapitre 1 expose :

— les agissements hostiles caractéristiques du harcèlement moral au travail ;

— les critères de répétition et de durée permettant de décider s'il s'agit ou non de harcèlement ;

— la législation condamnant le harcèlement.

Deux questionnaires testent si vous êtes cibles, auteurs, témoins d'agissements hostiles ou victimes, acteurs, témoins de harcèlement moral au travail.

Sortir de la caricature

Le harcèlement est-il la chasse gardée des seuls pervers narcissiques ? Pourquoi le harceleur est considéré en France comme un pervers ? Quelles sont les autres personnalités capables de nuire au travail ? Est-ce que le harceleur agit seul ? Quels sont les complices du harceleur ? Est-ce que les cibles sont des personnes fragiles, *masochistes*, ou plutôt des personnes rebelles à l'autorité et à la soumission ? Pourquoi l'entourage se tait et soutient si peu la victime de harcèlement ? Comment chaque professionnel participe au harcèlement, passivement ou activement ?

Le chapitre 2 discute les idées reçues concernant :

— le harceleur pervers ;

— la victime complice ou masochiste ;

— la neutralité supposée du témoin.

Un questionnaire propose au lecteur de dresser le portrait du harceleur, réel ou présumé, en terme de traits de personnalité pathologiques (paranoïaques, obsessionnels, narcissiques, etc.).

Les multiples visages du harcèlement et l'ampleur réelle du phénomène

Quelles sont les différentes formes de harcèlement ? Pourquoi les responsables hiérarchiques sont les principaux harceleurs en France alors qu'en Suède, ce sont les collègues ? Quelle est la fréquence réelle du harcèlement ? Pourquoi les statistiques oscillent entre 5 % et 86 % en France alors que la fréquence moyenne du harcèlement atteint 10 % dans 15 pays européens ? Pourquoi la fréquence est élevée quand les critères de harcèlement sont subjectifs, intuitifs alors qu'elle est faible quand les critères sont quantitatifs et objectifs ?

Le chapitre 3 présente le kaléidoscope du harcèlement moral au travail c'est-à-dire : a) ses différentes formes (verticale, horizontale, mixte), b) ses différents types (individuel, pervers, collectif, organi-sationnel, etc.) et c) l'éventail des statistiques du harcèlement en terme de fréquence et de durée.

Deux questionnaires testent la forme et le type de harcèlement dont vous êtes cible, auteur ou témoin.

Les mécanismes du harcèlement

Connaissez-vous assez les différentes phases du harcèlement et ses mécanismes pour stopper le processus à temps ? Comment ne pas laisser un conflit dégénérer en harcèlement ? Que faire pour éviter qu'un conflit ne s'envenime ? Savez-vous vraiment ce que sont les personnalités narcissiques, perverses, paranoïaques, etc. ? Comment résister à la séduction d'un pervers narcissique ?

Découvrez les techniques d'attaque des relations professionnelles, la manipulation de l'information et la communication paradoxale, armes des harceleurs pour exclure et détruire.

Le chapitre 4 décrypte :

— les phases d'évolution du conflit en harcèlement ;

— les procédés pervers dans le harcèlement individuel ;

— les différentes techniques d'attaque des relations professionnelles dans le harcèlement.

Un questionnaires teste les techniques dont vous êtes cible, auteur ou témoin.

Le coût exorbitant du harcèlement

Quel est le coût financier, économique, social et psychologique du harcèlement ? Combien de journées d'arrêt de travail, d'épisodes dépressifs, d'états de stress post traumatiques à cause d'un harcèlement au travail ? À quel point le harcèlement nuit au climat de production et de créativité ? Comment le harcèlement envenime les relations professionnelles ?

Le harcèlement est-il un poison dangereux aux conséquences si pathologiques, voire mortelles ?

Le chapitre 5 présente les conséquences du harcèlement au travail en terme de coût économique et social, de souffrance psychologique et de dégradation du climat de travail, au niveau mondial, européen et national et propose l'application au travail de ce slogan : « *Le harcèlement nuit dangereusement au travail et à la santé de tous. Stoppons-le tous ensemble.* »

Un questionnaire permet aux lecteurs de tester leurs stratégies d'ajustement aux situations stressantes ou *coping*.

Prévenir le harcèlement et le stopper

Qui est responsable de la prévention du harcèlement ? Quel est le rôle du style de management dans le harcèlement ? Quelle est l'influence du climat de justice ? Qui et comment prouver le harcèlement ? Que risque vraiment le harceleur ? Que risque l'employeur d'un harceleur ? Faut-il s'arrêter de travailler quand on est victime de harcèlement ? Que faire quand on est victime, responsable ou employeur ? Par qui se faire aider ?

Le chapitre 6 présente :

- le rôle essentiel du style de management dans le harcèlement au travail ;

- les différentes modifications de la loi sur le harcèlement moral au travail ;

- propose des solutions sur le plan juridique, médical, psychologique et organisationnel aux victimes et aux responsables.

L'ampleur du malaise des salariés et la fréquence de la souffrance au travail appellent des mesures juridiques en faveur de la reconnaissance du harcèlement comme accident du travail. Une telle sanction financière inciterait les employeurs à interdire davantage les agissements hostiles et empêcherait les responsables hiérarchiques de considérer ces agissements comme des techniques de management.

Deux questionnaires permettent aux managers et à leurs collaborateurs d'évaluer le style de management, le climat de justice ou d'injustice au travail.

Vous trouverez en fin d'ouvrage les coordonnées d'associations de lutte contre le harcèlement.

Chapitre 1

Est-ce vraiment du harcèlement ?

Le diagnostic de harcèlement moral repose sur la répétition d'actes spécifiques nommés agissements hostiles ou actions négatives.

Quels sont donc ces agissements hostiles caractéristiques du harcèlement moral au travail ? Comment ces agissements hostiles ouvrent la voie au harcèlement ? Est-ce que ces actions négatives suffisent à parler de harcèlement ?

Deux questionnaires vous permettent de savoir si vous êtes cible, acteur, témoin d'agissements hostiles ou de harcèlement.

Questionnaires : Êtes vous cible, acteur ou témoin d'agissements hostiles ou de harcèlement ?

Cible

Si vous pensez être la cible d'un harcèlement, complétez le questionnaire n°1, puis le questionnaire n°2.

Le terme de « cible » est préféré à celui de « victime » car :

— il évite le piège de la victimisation de la personne harcelée ;

- il est plus approprié, dans la mesure où le harceleur s'attaque souvent à une personne plus compétente, plus qualifiée, plus autonome et plus indépendante que lui, contrairement à l'image répandue qui veut que la victime soit faible, masochiste, etc. ;
- obliger une cible à se sentir victime ne l'aide pas à déployer les stratégies de changement efficaces et à reprendre le contrôle de la situation.

Auteur - Acteur - Harceleur

On peut opprimer les autres sans en être conscient. Évaluez vos risques. Testez si vous êtes auteur d'agissements hostiles ou harceleur, en complétant le questionnaire n°1, puis le questionnaire n°2.

En tant que manager ou dirigeant, vous pouvez être confronté à l'une des trois situations suivantes :

• Vous êtes accusé à tort d'agissements hostiles ou de harcèlement par un salarié qui endosse le rôle de plaignant et de victime, alors qu'il est lui-même, l'auteur d'agissements hostiles ou de harcèlement. Cette situation illustre le mécanisme psychologique de la projection : à savoir un processus de défense par lequel un sujet attribue à autrui des sentiments, des désirs, des raisonnements qu'il méconnaît en lui.

• Vous vous demandez si certains de vos comportements relèvent d'un processus de harcèlement car vous êtes accusé d'être harceleur alors que vous vous sentez cible de harcèlement par vos subordonnés.

• Vous reconnaissez être acteur d'agissements hostiles : dans l'enquête menée en région Aquitaine, 10 % des interviewés se déclarent spontanément auteurs de violence en invoquant les raisons suivantes : se décharger de leur responsabilité, leur position hiérarchique, ou la peur du licenciement[1].

---

1. MANCEL C., « Les phénomènes et situations de violence en milieu professionnel », *Performances,* 2, 2002.

Témoin

Le harcèlement est rarement une relation entre une cible et un harceleur, car il requiert une certaine permissivité de l'environnement professionnel.

Peut-être êtes-vous témoin d'agissements hostiles ou de harcèlement ? Pour le savoir, complétez le questionnaire n°1, puis le questionnaire n°2.

Questionnaire 1 : Êtes-vous cible, auteur ou témoin d'agissements hostiles ?

Consigne

Inscrivez une croix [X] dans la colonne « oui », si vous pensez subir, agir, ou observer les faits et gestes décrits dans les 40 propositions suivantes.

- Cible : Indiquez si vous êtes objet des faits et gestes décrits.
- Auteur : Indiquez si vous êtes l'auteur des gestes évoqués.
- Témoin : Indiquez si vous observez qu'un collègue est la cible des actes mentionnés.

La cible est l'objet des faits suivants	OUI	La cible est l'objet des faits suivants	OUI
1 - elle n'a plus d'autonomie dans le travail		21 - quand on parle d'elle, les propos sont méprisants	
2 - elle ne reçoit plus les informations utiles à son activité		22 - elle est l'objet de gestes de mépris (soupirs d'exaspération, regards méprisants, haussements d'épaules...).	
3 - toute promotion lui est refusée		23 - elle est systématiquement discréditée auprès de ses collègues ou ses supérieurs	
4 - son travail est critiqué systématiquement ou injustement		24 - elle est l'objet de rumeurs malveillantes	

La cible est l'objet des faits suivants	OUI	La cible est l'objet des faits suivants	OUI
5 - elle n'a plus accès aux outils de travail : téléphone, fax, ordinateur, photocopieuse, etc.		25 - on dit qu'elle a des problèmes psychologiques, qu'elle est « folle »	
6 - le travail qui lui incombait auparavant lui a été retiré		26 - des moqueries fusent sur son physique ; on la caricature	
7 - elle a sans cesse de nouvelles tâches à faire		27 - sa vie privée est critiquée ou commentée	
8 - on lui donne systématiquement des tâches inférieures ou supérieures à ses compétences		28 - ses origines ou sa nationalité sont des sujets de moquerie	
9 - on cherche à la pousser à la faute		29 - des critiques sont portées sur ses croyances religieuses ou ses convictions politiques	
10 - des pressions sont exercées pour qu'elle ne fasse pas valoir ses droits (congés, horaires, primes)		30 - des tâches humiliantes lui sont confiées	
11 - dès qu'elle prend la parole, elle est interrompue		31 - elle est menacée de violences physiques	
12 - personne ne lui parle		32 - on l'agresse physiquement, on la bouscule, on lui claque la porte au nez.	
13 - on communique avec elle uniquement par écrit		33 - on s'adresse à elle en criant, parfois en hurlant	
14 - tout contact avec elle, même visuel, est supprimé		34 - des coups de téléphone envahissent sa vie privée	
15 - elle est installée à l'écart des autres		35 - elle est surveillée hors de son lieu de travail	
16 - sa présence est ignorée, on s'adresse uniquement aux autres		36 - son véhicule a été endommagé (pneus crevés, rayures, chocs, …)	
17 - ses collègues ont reçu la consigne de ne pas lui parler		37 - on l'agresse à travers des gestes ou des propos à connotation sexuelle	

10

La cible est l'objet des faits suivants	OUI	La cible est l'objet des faits suivants	OUI
18 - elle ne peut plus parler aux autres		38 - elle reçoit des messages électroniques ou téléphoniques menaçants	
19 - la direction lui refuse toute demande d'entretien		39 - elle est épiée devant son domicile	
20 - en réunion, elle ne peut pas s'exprimer		40 - elle reçoit des lettres anonymes chez elle	

Résultats

Calculez vos scores

Indiquez le nombre de vos réponses « oui » pour chaque catégorie d'agissements hostiles.

Propositions numérotées de	Catégorie d'agissements hostiles	Nombre de OUI
De 1 à 10	Atteintes aux conditions de travail	
De 11 à 20	Refus de communication et isolement	
De 21 à 30	Atteinte à la dignité	
De 31 à 40	Violences physiques ou sexuelles	

Interprétez vos scores

Les réponses « oui » identifient les agissements hostiles. Les victimes de harcèlement souffrent principalement de refus de communication et d'isolement (58 %), puis d'atteintes à la dignité (56 %), d'atteintes aux conditions de travail (53 %) et enfin, de violences physiques ou sexuelles (31 %)[1].

Pour savoir si vous êtes cible, acteur ou témoin de harcèlement moral au travail, complétez le questionnaire n°2. En effet, les agissements

---

1. HIRIGOYEN M.-F., *Le harcèlement moral dans la vie professionnelle, démêler le vrai du faux*, Pocket, 2002.

hostiles sont nécessaires, mais ne suffisent pas à parler de harcèlement moral.

Questionnaire 2 : Êtes vous cible, acteur ou témoin de harcèlement ?

Ce questionnaire vous propose de savoir si vous êtes la cible, l'acteur ou le témoin d'un harcèlement moral au travail.

- Cible : indiquez si vous êtes l'objet des faits et gestes décrits.
- Auteur : indiquez si vous êtes l'auteur des gestes évoqués.
- Témoin : indiquez si vous observez qu'un collègue est la cible des actes mentionnés.

Consigne

Respectez les trois consignes suivantes :

1. Lisez chacun des 50 agissements hostiles et répondez « oui » si vous en êtes la cible, l'auteur ou le témoin.

2. Pour chaque réponse « oui », indiquez la fréquence de l'agissement hostile. Elle peut être :
   - épisodique (de temps en temps) ;
   - mensuelle (une fois par mois) ;
   - bimensuelle (une fois sur quinze jours) ;
   - hebdomadaire (une fois par semaine) ;
   - quotidienne (une fois par jour).

   Inscrivez une croix [X] dans la case correspondant à votre situation.

3. Pour chaque réponse « oui », évaluez la durée de l'agissement hostile concerné. Indiquez à l'aide d'une croix [X] s'il dure depuis un mois, trois mois, six mois, un an ou plus d'un an.

La cible est l'objet des faits suivants	1 - Oui	2 - Fréquence					3 - Durée : Cela dure depuis				
		épiso-dique	1 fois par mois	bimen-suelle	hebdo-madaire	quoti-dienne	1 mois	3 mois	6 mois	1 an	plus d'un an
1 - on lui refuse toute possibilité de s'exprimer											
2 - on l'interrompt constamment											
3 - les collègues l'empêchent de s'exprimer											
4 - les collègues lui hurlent dessus											
5 - on critique son travail											
6 - on critique sa vie privée											
7 - on la terrorise à l'aide de coups de téléphone											
8 - on la menace par écrit											

La cible est l'objet des faits suivants	1 - Oui	2 - Fréquence						3 - Durée : Cela dure depuis					
		épiso-dique	1 fois par mois	bimen-suelle	hebdo-madaire	quoti-dienne	1 mois	3 mois	6 mois	1 an	plus d'un an
9 - on évite de la regarder ou on lui adresse des gestes de rejet											
10 - on ignore sa présence en s'adressant exclusivement à des tiers											
11 - on ne lui parle plus											
12 - elle ne peut plus parler à ses collègues											
13 - on lui attribue un poste de travail éloigné de ses collègues											
14 - on l'isole de ses collègues											
15 - on interdit à ses collègues de lui parler											

14

La cible est l'objet des faits suivants	1 - Oui	2 - Fréquence					3 - Durée : Cela dure depuis				
		épiso-dique	1 fois par mois	bimen-suelle	hebdo-madaire	quoti-dienne	1 mois	3 mois	6 mois	1 an	plus d'un an
16 - on nie sa présence											
17 - on ne la regarde plus											
18 - les collègues détournent la tête quand ils la croisent											
19 - ses collègues se comportent comme si elle était transparente											
20 - elle ne peut plus exprimer son point de vue											
21 - on la calomnie											
22 - on lance des rumeurs à son sujet											
23 - on l'injurie en des termes dégradants											

La cible est l'objet des faits suivants	1 - Oui	2 - Fréquence					3 - Durée : Cela dure depuis				
		épiso-dique	1 fois par mois	bimen-suelle	hebdo-madaire	quoti-dienne	1 mois	3 mois	6 mois	1 an	plus d'un an
24 - on dit qu'elle est malade mentale											
25 - on lui demande de subir un examen psychia-trique											
26 - on lui donne un travail humiliant											
27 - on imite sa démarche, sa voix, ses gestes pour la ridiculiser											
28 - on attaque ses croyances religieuses ou politiques											
29 - on se moque de sa vie privée											

La cible est l'objet des faits suivants	1 - Oui	2 - Fréquence						3 - Durée : Cela dure depuis					
		épiso-dique	1 fois par mois	bimen-suelle	hebdo-madaire	quoti-dienne	1 mois	3 mois	6 mois	1 an	plus d'un an
30 - on note son travail de manière injuste et en des termes malveillants													
31 - on ne lui confie plus aucune tâche													
32 - on la prive de toute activité													
33 - on lui donne des tâches inutiles													
34 - on lui donne des tâches très inférieures à ses compétences													
35 - on lui donne sans cesse de nouvelles tâches													
36 - on lui demande d'effectuer des tâches humiliantes													

17

La cible est l'objet des faits suivants	1 - Oui	2 - Fréquence					3 - Durée : Cela dure depuis				
		épiso-dique	1 fois par mois	bimen-suelle	hebdo-madaire	quoti-dienne	1 mois	3 mois	6 mois	1 an	plus d'un an
37 - on lui confie des tâches différentes des siennes de manière à la discréditer											
38 - on l'empêche d'effectuer toute tâche quelle qu'elle soit											
39 - on lui fixe des objectifs impossibles											
40 - on lui donne des tâches absurdes											
41 - on l'oblige à faire des travaux dangereux pour sa santé											
42 - on la menace de violences physiques											
43 - on l'agresse physiquement sans gravité											

18

La cible est l'objet des faits suivants	1 - Oui	2 - Fréquence						3 - Durée : Cela dure depuis					
		épiso-dique	1 fois par mois	bimen-suelle	hebdo-madaire	quoti-dienne	1 mois	3 mois	6 mois	1 an	plus d'un an
44 - on l'agresse sexuel-lement											
45 - certains gestes physi-ques servent d'avertisse-ment											
46 - on dégrade son poste de travail											
47 - son domicile est l'objet de dégâts											
48 - on l'agresse physi-quement sans retenue											
49 - on compromet sa santé											
50 - on lui fait prendre des risques pour sa santé											

Résultats

Calculez vos scores

Indiquez le nombre de vos réponses « oui » pour chaque catégorie d'agissements hostiles.

Propositions numérotées de	Catégorie d'agissements hostiles	Nombre de OUI
1 à 10	Empêcher la cible de s'exprimer	
11 à 20	Isoler la cible	
21 à 30	Déconsidérer la cible auprès de ses collègues	
31 à 40	Discréditer la cible dans son travail	
41 à 50	Compromettre la santé de la cible	

Interprétez vos scores

Vos réponses « oui » évaluent les agissements hostiles dont vous êtes cible, auteur ou témoin. Vos réponses « fréquence » et « durée » indiquent si vous êtes victime, acteur ou témoin de harcèlement moral, car le diagnostic de harcèlement repose sur l'exercice d'agissements hostiles avec une fréquence au moins hebdomadaire et une durée de six mois minimum (voir paragraphe ci-après).

Des agissements hostiles dont la fréquence est quotidienne ou hebdomadaire et qui durent depuis six mois, un an ou plus d'un an orientent vers un diagnostic de harcèlement moral au travail.

À noter

Vous venez de compléter un auto-questionnaire et d'effectuer une auto-évaluation subjective qui appelle une seconde évaluation objective par un observateur extérieur et enrichie d'autres critères essentiels au diagnostic de harcèlement moral au travail.

Des agissements hostiles au harcèlement

Le harcèlement est le résultat d'agissements hostiles systématiques et répétés sur une longue durée. Le diagnostic de harcèlement repose sur des critères de fréquence, de répétition et de durée des agissements hostiles. En conséquence, les agissements hostiles occasionnels ou accidentels ne mènent pas forcément au harcèlement. Telle est la conception défendue par le psychologue suédois Heinz Leymann, sous le terme de *mobbing*[1].

À noter

Le terme de *mobbing* vient du verbe anglais *to mob* qui signifie *assaillir, molester*.

Le *mobbing* désigne une *persécution* ou une « *psychoterreur* » sur le lieu de travail qui repose sur certains agissements hostiles. Ceux-ci consistent en des comportements désobligeants, des plaisanteries douteuses, des vexations répétitives, des critiques malveillantes, des remarques désagréables, des injures humiliantes, des agressions verbales.

Les agissements hostiles sont toujours présents dans un processus de harcèlement mais ne suffisent pas à eux seuls à parler de *mobbing*.

Le harcèlement : une répétition d'agissements hostiles

Tous les experts s'accordent sur le fait que le harcèlement se définit par la répétition prolongée d'un ou de plusieurs agissements hostiles. La permanence et l'insistance de ces agissements hostiles déstabilisent les cibles, les blessent et produisent à terme une intense souffrance psychologique.

La répétition des agissements hostiles est un critère caractéristique du harcèlement dans le rapport du Conseil économique et social sur le harcèlement moral au travail, où l'on peut lire que : « *La répétition soutenue, prolongée de ces agissements hostiles suffit amplement à déstabiliser, à angoisser la victime choisie, à la briser et à l'exclure*[2]. »

---

1. LEYMANN H., *Mobbing, la persécution au travail*, Seuil, 2002.
2. DEBOUT M., *op. cit.*

Durée et répétition

Le harcèlement est le résultat d'agissements hostiles répétés au moins une fois par semaine et pendant six mois. C'est la durée et la répétition qui transforment chaque acte anodin en une séquence d'agissements qui devient une « *arme dangereuse et quelquefois mortelle*[1]. »

À noter

Une remarque désobligeante qui se répète tous les jours, pendant des semaines, relève du harcèlement, alors que la même remarque prononcée sous le coup de la colère, de manière exceptionnelle, n'est pas représentative de harcèlement.

La durée de six mois proposée comme critère du harcèlement n'est pas retenue par certains experts comme caractéristique obligatoire du harcèlement moral au travail. Parfois la gravité du harcèlement ne dépend pas d'une telle durée mais de la violence de l'agression. En effet, certains agissements isolés sont d'une intensité et d'une violence destructrice redoutables.

L'avis des experts

La durée des agissements hostiles caractérise le harcèlement pour de nombreux experts et associations de lutte contre le harcèlement au travail. Le Conseil économique et social considère que la répétition des agissements inscrit le harcèlement moral au travail dans une véritable stratégie de soumission ou de destruction psychique de l'autre, qui suppose la répétition d'actes de nature différente, inscrits dans la durée. Cela permet de ne pas confondre harcèlement moral au travail et conflit au travail.

À noter

La notion d'agissements hostiles répétés dans la durée permet de comprendre pourquoi le harcèlement est si difficile à identifier, car il est fait de mille et une petites gouttes qui frappent régulièrement sur la cible, et non d'une violence brutale, instantanée, perceptible. Les agissements

---

1. DEBOUT M., *op. cit.*

isolés semblent anodins au début du processus, et ne présentent pas de danger vital, mais leur effet déstabilisateur et destructeur agit à force de répétition et d'accumulation. La subtilité des agissements hostiles aveugle l'entourage et retarde toute intervention efficace. Toutefois, si la répétition soutenue, persistante et subtile explique le silence des témoins et des collègues, elle ne l'excuse pas pour autant.

Les agissements hostiles : une spirale infernale

Dans un premier temps, les cibles ne veulent pas se formaliser, elles relativisent ou minimisent les remarques ou les brimades. Ensuite les attaques se multiplient : la cible est régulièrement discréditée, de plus en plus souvent disqualifiée ; les vexations et les humiliations se répètent et les effets des agissements hostiles sont de plus en plus destructeurs.

Ces actes, d'abord utilisés par l'agresseur pour défendre son pouvoir ou étendre sa domination, peuvent devenir agressifs, même violents, surtout si la cible résiste.

Il est essentiel de comprendre que les agissements hostiles récurrents, systématiques et durables s'organisent en une séquence d'actes répétés qui s'enchaînent les uns après les autres. Chaque action négative constitue le maillon d'une chaîne infernale où la cible est piégée et les témoins anesthésiés. Le harcèlement peut durer indéfiniment, tant que les protagonistes sont en présence ; il arrive même qu'un harceleur change de cible, provisoirement ou définitivement, car certains agresseurs entretiennent un « parc de proies » qu'ils harcèlent à tour de rôle. Le harcèlement ne cesse jamais spontanément sans l'intervention d'un tiers responsable.

La répétition des agissements hostiles déclenche chez la cible anxiété, méfiance, vigilance et cette attitude défensive est génératrice de nouvelles agressions. Ainsi naît le cercle vicieux des agissements hostiles au travail. Désormais, la vision de la cible haïe provoque une rage froide chez le harceleur et la vision de l'agresseur déclenche un phénomène de peur chez la cible. Le processus ne peut que s'amplifier si personne n'intervient.

Une atteinte aux conditions de travail

Le Conseil économique et social établit une classification des agissements hostiles qui met l'accent sur leurs conséquences quant aux conditions de travail, en reléguant au second plan les effets individuels d'atteinte à l'intégrité et à l'individualité de la cible. Pour cet organisme, le harcèlement moral désigne « *des agissements répétés visant à dégrader les conditions humaines, relationnelles, matérielles de travail d'une ou plusieurs victimes, de nature à porter atteinte à leurs droits et leur dignité, pouvant altérer gravement leur état de santé et pouvant compromettre leur avenir professionnel*[1]. » En effet, les agissements hostiles nuisent dangereusement à l'ambiance de travail, à la qualité du travail, et enveniment les relations professionnelles.

Les moyens utilisés sont nombreux :

– prescriptions d'objectifs inatteignables et irréalistes ;

– absence de toute directive ou mission, décrite sous l'expression de « mise au placard », propice à un sentiment de désœuvrement et de perte du sens du travail ;

– prescriptions totalement floues ;

– consignes contradictoires qui programment l'échec, etc.

La dégradation du travail peut être soit objective, comme l'isolement spatial ou encore des équipements de communication inopérants, soit symbolique, à travers l'attribution d'un bureau plus petit ou la suppression d'avantages annexes.

Le harcèlement sévit dans un cadre professionnel. En conséquence, la cible ne peut être considérée en dehors de tout contexte organisationnel. Certaines actions négatives sont des décisions organisationnelles visant à exclure délibérément un ou plusieurs salariés.

D'après les résultats de la recherche menée auprès de trois directions d'entreprises et 265 salariés sur la qualité de vie au travail, les actions

---

1. DEBOUT M., *op. cit.*

négatives touchant les conditions de travail sont plus nombreuses que les actions visant la personne[1].

Une atteinte à la dignité de la cible

L'objectif du harcèlement est double : il vise à casser tout lien relationnel et tout lien social, qui sont les liens constitutifs du travail, mais aussi à atteindre l'identité de la personne : à travers des attitudes humiliantes, des propos offensants, des rumeurs malveillantes sur la vie privée de la cible.

L'objectif visé est de ne pas reconnaître la qualité du travail accompli, l'investissement de la personne dans son travail. Cette non-reconnaissance professionnelle atteint la personne au-delà de son identité professionnelle, car le travail est également le lieu de la réalisation de soi, de l'épanouissement personnel, de l'image narcissique, dont l'atteinte ouvre la voie aux manifestations dépressives : perte de l'estime de soi, doute sur sa compétence, etc.

Dans le harcèlement individuel opposant une cible et une personnalité pathologique perverse, les agissements hostiles visent intentionnellement la dignité et l'intégrité de la victime : le pervers harcèle sa cible avec l'intention de maltraiter la personne et de détruire son intégrité. Cependant, cette forme individuelle de harcèlement est très rare et implique une permissivité de la hiérarchie, qui a l'obligation légale de condamner les agissements hostiles et de sanctionner l'auteur de ces actions négatives. Aujourd'hui, on sait que :

- le harceleur solitaire pervers est rare ;
- les harceleurs agissent le plus souvent à plusieurs ;
- la cible est rarement unique (plusieurs cibles sont visées) ;
- le harcèlement implique la permissivité de la hiérarchie et de l'organisation.

---

1. DEPOLO M., GUGLIELMI D., TODERI S., « Prévenir le harcèlement moral au travail : le rôle du contrat psychologique », *Psychologie du travail et des organisations*, 10, 2004.

À noter

Les agissements hostiles visent principalement la dignité de la cible lorsque celle-ci est isolée et que le harcèlement est opéré par un agresseur solitaire, tandis qu'ils visent principalement les conditions de travail quand le harcèlement résulte de la stratégie délibérée d'une organisation ou d'une institution, d'un mode volontaire de management ou d'un groupe. Au fil du temps, le harcèlement associe les agissements hostiles visant les conditions de travail et les actions négatives attaquant la dignité ou l'intégrité de la victime.

Réalité du harcèlement

La pénibilité morale du travail : une préoccupation actuelle

Le harcèlement au travail est une forme particulière de pénibilité morale. C'est une réalité moins criante, moins visible, moins objectivable et plus complexe que la pénibilité physique car il atteint la personne dans sa dignité, son intégrité et pas seulement dans ses capacités physiques. Le harcèlement au travail vise le moral des cibles, le psychisme de l'individu, à travers des pressions répétées, excluant le plus souvent tout passage à l'acte physique ou sexuel.

Les mutations constantes des sociétés industrialisées et les restructurations régulières augmentent cette pénibilité morale du travail et suscitent une forte angoisse chez les salariés, qu'ils expriment souvent à l'aide des termes de « stress » et de « harcèlement ». Or, le harcèlement se différencie du stress car il désigne des situations de violence interpersonnelle développées en milieu professionnel selon une stratégie délibérée visant à soumettre l'autre, à réduire ses capacités, à atteindre sa personnalité, ou à le forcer à se démettre.

Paradoxalement nos sociétés occidentales, qui ne tolèrent pas les formes physiques et visibles de persécution, se montrent très tolérantes à l'égard de la persécution morale au travail, qui est insidieuse, distillée. Il s'agit désormais d'évincer une personne non désirée ou de détruire une cible tout en gardant l'apparence de l'innocence, en évitant toute trace visible d'une mise à mort programmée.

Le harcèlement vise à dominer autrui et l'obliger à se soumettre à la loi d'un individu ou d'un groupe. Ce caractère despotique est choquant dans nos sociétés attachées aux valeurs démocratiques ; or, la dénonciation de la violence morale au travail semble minoritaire.

Des interprétations différentes

Hors de France

Hors de France, l'accent est mis sur les responsabilités profession-nelles dans le développement d'une situation de harcèlement en termes de gestion de conflits, et sur les conséquences professionnelles du harcèlement en termes d'exclusion professionnelle.

Le harcèlement est considéré comme le résultat d'une déficience organisationnelle et non d'une personnalité perverse narcissique. La gestion trop tardive des conflits professionnels par les responsables crée les conditions propices au développement du *mobbing*. Dans cette approche, le harcèlement est lié au management et à l'organisation du travail.

En France

En France, la notion de harcèlement est associée à la violence perverse. Cette terminologie renvoie aux substantifs de « *perversité* » et de « *perversion* » et circonscrit le problème du harcèlement au travail dans une approche psychologique, psychanalytique et même psychiatrique. Cette conception du harcèlement moral au travail s'oppose à l'approche du *mobbing* de Leymann.

🔎 À noter

Un nombre croissant de psychologues français refusent la réduction du phénomène de harcèlement moral au seul harcèlement pervers : « *L'interprétation de la conduite de l'agresseur comme jouissance relevant spécifiquement de la perversion est propre à la France. Dans la plupart des autres pays, on l'interprète comme une dérive des formes de manage-*

ment sous le nom de mobbing (sans référence à la personnalité d'un persécuteur particulier[1]. »

Le harcèlement : une notion « fourre-tout »

Le harcèlement moral est devenu une expression fourre-tout regroupant toutes les souffrances au travail : « *Tout se passe comme si, en mettant l'éclairage sur le harcèlement moral au travail, on avait débusqué en même temps d'autres souffrances jusque-là occultées et qui tendent à masquer les vrais cas de harcèlement moral[2]. »*

Le harcèlement apparaît comme le nouveau terme à la mode qui évince le stress. Hier, tout le monde se disait *stressé* et aujourd'hui, on se plaint d'être harcelé. Les plaintes de harcèlement masquent des réalités très différentes et cachent des souffrances hétérogènes. La cible de harcèlement exprime :

— des atteintes aux conditions de travail, à sa réputation, à sa reconnaissance, à la cohérence des tâches professionnelles, à sa relation avec les autres, à sa personne physique ;

— des menaces ou des agressions ;

— un rejet social professionnel ou une mise en quarantaine, etc. Les plaintes de harcèlement associent des difficultés professionnelles, des conflits interpersonnels, un malaise grandissant au travail. Ces différentes plaintes ne reflètent pas forcément un processus de harcèlement, qui est l'arbre cachant la forêt des dysfonctionnements structurels des organisations, institutions ou associations et des souffrances psychologiques au travail.

---

1. LEYMANN H., *op. cit.*
2. HIRIGOYEN M.-F., « Le harcèlement moral au travail en 2003 », *Le journal international de victimologie*, 1, 3, 2003.

Ce que dit la loi

Rappel des faits

En décembre 1999, le groupe communiste déposait une proposition de loi à l'Assemblée nationale.

En janvier 2001, un amendement au projet de loi de modernisation sociale prohibant la pratique du harcèlement moral est adopté en première lecture.

En avril 2001, la loi de modernisation sociale modifie le Code du travail, le Code pénal et le statut de la fonction publique.

Après avoir été soumise au Conseil constitutionnel, la loi est publiée le 17 janvier 2002. Ses dispositions s'appliquent donc depuis le 18 janvier 2002.

La loi n° 2002-73 du 1er janvier 2002 parue au *Journal officiel* du 18 janvier 2002 stipule que « *le fait de harceler autrui par des agissements répétés ayant pour objet ou pour effet une dégradation des conditions de travail susceptible de porter atteinte à ses droits et à sa dignité, d'altérer sa santé physique ou mentale ou de compromettre son avenir professionnel, est puni d'un an d'emprisonnement et de 15 000 euros d'amende*[1] ».

Exemple : Condamnation de l'employeur

En mars 2003, le Crédit Lyonnais a été condamné en appel à verser 150 000 euros à un cadre réduit à l'isolement : plus d'ordinateur, plus de responsabilité du jour au lendemain, plus de téléphone, ni bonjour, ni au revoir.

En France, la loi de modernisation du travail intègre différentes mesures interdisant explicitement le harcèlement moral, notamment celle qui stipule : « *Aucun salarié ne doit subir les agissements répétés de harcèlement moral qui ont pour objet ou pour effet une dégradation des condi-*

---

1. *www.legifrance.gouv.fr*

tions de travail susceptible de porter atteinte à ses droits et à sa dignité, d'altérer sa santé physique ou mentale ou de compromettre son avenir professionnel[1]. »

Cet article de loi explicite un lien entre agissements répétés de harcèlement et l'altération de la santé physique ou mentale. Toutefois, la durée n'est pas mentionnée. Certes, la répétition inclut une forme de durée mais elle ne s'y substitue pas. Ainsi, des agissements répétés peuvent avoir lieu sur une seule journée et être alors définis comme harcèlement moral. Or, pour de nombreux experts, la durée est essentielle dans le diagnostic de harcèlement moral.

L'Association nationale des directeurs et cadres de la fonction Personnel (ANDCP) déplore que « *la loi n'explicite pas les comportements incriminés* » mais qu'elle définisse « *plutôt leur finalité et leurs effets sur la victime (atteinte à la dignité et création de conditions de travail humiliantes ou dégradantes)*[2] ». Cette association de direction de ressources humaines propose de définir le harcèlement moral comme « *toute conduite abusive de la part d'une personne ayant autorité ou non, se manifestant dans l'entreprise ou l'institution d'une façon répétitive, dans la durée, par des comportements, actions, écrits, paroles, brimades pouvant porter atteinte à la personne, sa dignité ou son intégrité physique ou psychique, en vue de mettre ou mettant en péril son emploi, ou dégradant le climat de travail*[3] ».

La loi interdit les agissements hostiles mais la formulation est tellement floue que toute situation répétée entraînant une dégradation des conditions de travail est susceptible d'être qualifiée de harcèlement moral. De sorte qu'actuellement les juges appliquent le texte comme s'il réprimait « *les agissements hostiles répétés ayant pour objet et pour effet une dégradation des conditions de travail*[4]. »

---

1. Article L.122-49 du Code du travail.
2. *Liaisons sociales*, 19 mars 2001.
3. *Ibid.*
4. RAVISY P. *Le harcèlement moral au travail*, Delmas, 2004.

Dans les administrations

La loi du 17 janvier 2002 interdit le harcèlement moral dans la fonction publique :

« *Aucun fonctionnaire ne doit subir les agissements répétés de harcèlement moral qui ont pour objet ou pour effet une dégradation des conditions de travail susceptible de porter atteinte à ses droits et à sa dignité, d'altérer sa santé physique ou mentale ou de compromettre son avenir professionnel*[1]. »

La protection de la cible et des témoins qui relatent des faits de harcèlement est explicite : « *Aucune mesure concernant notamment le recrutement, la notation, la promotion, etc., ne pourra être prise à l'égard d'un fonctionnaire en prenant en considération 1) le fait qu'il ait subi ou refusé de subir les agissements de harcèlement moral, 2) le fait qu'il ait exercé un recours auprès d'un supérieur hiérarchique ou 3) le fait qu'il ait témoigné (...)*[2]. »

Dans le secteur public, les cas de harcèlement sont redoutables, discrets mais poussés au bout d'une logique de meute. Imaginez qu'une personne dénonce la corruption des conseils généraux ou la maltraitance dans une maison de retraite : certains collègues organisent un harcèlement en meute contre la personne qui a dénoncé ces faits réels et graves. Dans les administrations, les problèmes de harcèlement se règlent souvent par la promotion et le déplacement du harceleur ou par la mutation de la cible : « *Responsable mais pas coupable* », telle est la devise des responsables de nombreuses administrations.

Obligation de prévention pour l'employeur

L'obligation de prévention est à la charge du chef d'entreprise : « *Il appartient au chef d'entreprise de prendre toutes dispositions nécessaires en vue*

---

1. La loi du 13 juillet 1983 portant droits et obligations des fonctionnaires a été complétée d'un article 6 *quinquies*, qui reprend les termes de l'article L. 122-49 du Code du travail.
2. Loi du 13 juillet 1983, article 6, *quinquies,* alinéa 2.

de prévenir les agissements visés à l'article L. 122-49 (agissements hostiles du harcèlement moral)[1]. »

Le Code du travail oblige aussi le chef d'établissement à « *prendre les mesures nécessaires pour assurer la sécurité et protéger la santé physique et mentale des travailleurs*[2] ».

Exemple : La Cour de cassation impose à l'employeur une « *obligation de résultat* »

Historique de l'affaire : la Cour d'appel de Montpellier condamne l'ex-directeur d'une association à indemniser six salariés qu'il avait persécutés. Cet ancien responsable considère que l'employeur aurait dû être condamné à sa place, puisque l'obligation de prévention en matière de santé et de sécurité au travail lui incombe. La Cour de cassation ne lui donne pas raison, estimant que sa responsabilité personnelle engage « *à l'égard de ses subordonnés le salarié qui leur fait subir intentionnellement des agissements répétés de harcèlement moral*[3] ». Ces faits « *commis dans l'intérêt, voire même sur les ordres de l'employeur*[4] », n'exonèrent pas pour autant l'employeur de sa propre responsabilité puisque « *l'employeur est tenu envers ses salariés d'une obligation de résultat en matière de protection de la santé et de la sécurité des travailleurs dans l'entreprise, notamment en matière de harcèlement moral, et l'absence de faute de sa part ne peut l'exonérer de sa responsabilité*[5] ».

---

1. Article L. 122-51 du Code du travail.
2. *Ibid.*
3. *Les Échos*, 23 juin 2006.
4. *Ibid.*
5. *Ibid.*

En résumé

L'hypothèse d'un harcèlement est envisagée si les agissements hostiles visant une atteinte des conditions de travail et/ou la dignité de la victime sont systématiques, répétitifs et durables. Ces critères de systématisation, de fréquence et de durée permettent de différencier le harcèlement moral au travail des autres motifs de souffrance professionnelle comme les conflits professionnels, le stress, le management autoritariste, les pressions au travail, etc.

Ainsi, les enquêtes évaluant le harcèlement sur la base de ces critères quantitatifs et objectifs de fréquence et de durée observent un pourcentage inférieur à 10 % de salariés harcelés. À l'inverse, les sondages qui demandent aux salariés s'ils se sentent harcelés publient des pourcentages de 30 % de harcelés, car les évaluations du harcèlement sont totalement intuitives et subjectives.

Il est souhaitable que tous les professionnels apprennent à observer et décrire les faits et gestes réels et objectifs dans leur environnement.

En apprenant à repérer les agissements hostiles qui caractérisent le harcèlement au travail, le sens de l'observation est aiguisé, un rôle actif et solidaire est privilégié.

Chapitre 2

Sortir de la caricature

Comment les harceleurs peuvent faire souffrir et réduire au silence autant de cibles, de témoins et de responsables ? Il existe plusieurs idées reçues, qui ont pour effet de détourner l'attention du vrai problème. Ce sont en particulier :

— la stigmatisation du harceleur pervers narcissique ;

— la stigmatisation de la cible masochiste et complice ;

— la soi-disant neutralité des témoins silencieux.

Les harceleurs : des pervers narcissiques ?

Certains harceleurs sont décrits comme des pervers narcissiques, qui « *sous l'influence de leur soi grandiose, essaient de créer un lien avec un deuxième individu, en s'attaquant tout particulièrement à l'intégrité narcissique de l'autre, afin de le désarmer. Ils s'attaquent ainsi à l'amour de soi, à la confiance de soi, à l'auto-estime et à la croyance en soi de l'autre[1]* ».

Cependant, les pervers narcissiques sont trop rares pour être les seuls responsables du harcèlement au travail. D'autres personnalités sévissent, comme les paranoïaques, les obsessionnels ou les pervers occasionnels.

---

1. EIGUER A., *Le pervers narcissique et son complice*, Dunod, 2003.

Dans tous les cas, le harcèlement implique une permissivité de l'organisation. Les harceleurs ne peuvent en effet sévir dans une organisation qui refuse les agissements hostiles et condamne les acteurs d'agressions professionnelles. Le harcèlement est le résultat d'actions négatives, à la fois individuelles et organisationnelles.

Au niveau organisationnel, il peut résulter :

– d'une stratégie délibérée d'une entreprise en vue de licencier les gros salaires ou d'éviter des procédures de licenciement ;

– de facteurs organisationnels tels que des restructurations, des modes de management, etc.

Certains harceleurs exécutent une décision organisationnelle imposée par la hiérarchie ou la direction. Ces individus occupent temporairement une position perverse. Au niveau individuel, différentes personnalités pathologiques (dont les pervers narcissiques) excellent dans la tyrannie, l'emprise, l'abus de pouvoir et le harcèlement. Cependant, de nombreux experts (psychologues, juristes, psychiatres) contestent l'idée selon laquelle les harceleurs sont des pervers narcissiques[1].

Le harcèlement : une relation perverse au pouvoir

La relation entre le harceleur et la cible n'est pas la rencontre entre un pervers et son complice mais une relation pervertie au pouvoir, selon le Conseil économique et social, « *qu'il s'agisse du pouvoir institutionnel lui-même qui veut imposer coûte que coûte ses orientations et ses décisions stratégiques (en laissant au bord de la route ceux qui ne rentrent pas dans le moule), mais aussi de pouvoir personnel, dès lors que le harceleur pourrait imaginer une éventuelle mise en cause par un collègue ou un subordonné*[2] ».

---

1. BOURGEOIS M.-L., « L'arlésienne du harcèlement moral au travail », *Annales médico-psychologiques,* 162, 2004.
2. DEBOUT M., *Le harcèlement moral au travail*, rapport du Conseil économique et social, 2001.

Dans le harcèlement, il s'agit d'une mise en œuvre pervertie du pouvoir, qui se transforme alors en un instrument de soumission et de persécution de l'autre, mettant en cause ses droits fondamentaux et le respect qui lui est dû. Le harcèlement pose toujours la question du pouvoir : il vise à rappeler qui a le pouvoir ou qui *veut* le pouvoir. La bataille acharnée et meurtrière pour le pouvoir est au cœur du harcèlement moral au travail.

🔍 À noter

Tous les experts s'accordent à dire que le harcèlement opéré par un individu pervers narcissique est possible à la seule condition que l'organisation professionnelle laisse les agissements hostiles se développer de manière répétitive et durable. D'autres personnalités que les pervers narcissiques excellent dans la manipulation de l'information, la communication paradoxale, l'emprise et la domination. Certains individus peuvent occuper une *position perverse* dans certaines circonstances décrites ci-après.

Les pervers occasionnels

Certains salariés occupent une position perverse quand le harcèlement est mis en scène dans une organisation où menace un plan social rampant visant à se séparer des cadres les mieux payés et difficiles à licencier. Les pervers occasionnels exercent un pouvoir passager dans une organisation qui sollicite de telles attitudes, mais celles-ci cessent dès qu'un terme est mis à la situation.

Les expériences de soumission à l'autorité (Milgram[1]) et les réflexions sur la *banalité du mal* (Hanna Arendt[2]) ou sur la *banalisation sociale du mal* (Dejours[3]) interrogent chaque être humain sur sa capacité à faire preuve de soumission, d'opposition et de perversité morale. Au travail, il est fréquent d'entendre des accusations de « pervers », « psychopathe », etc. Ainsi en attribuant à autrui ces étiquettes

---

1. MILGRAM S., *Soumission à l'autorité*, Calmann-Lévy, 1974.
2. ARENDT H., *Eichmann à Jérusalem*, Gallimard, 1966.
3. DEJOURS C., *Souffrance en France, la banalisation de l'injustice sociale*, Seuil, 1998.

psychiatriques, chacun s'épargne la réflexion sur sa propre soumission participative, sa complicité passive, sa responsabilité indirecte ou son plaisir inconscient à assister passivement au processus destructeur de harcèlement.

Narcissisme, personnalité et perversion narcissiques

Le narcissisme n'est pas pathologique, contrairement au trouble de personnalité narcissique et à la perversion narcissique. Il faut distinguer personnalité narcissique et perversion narcissique, car la personnalité narcissique n'est pas forcément perverse. Ces trois notions (narcissisme, personnalité narcissique, perversion narcissique) décrivent des réalités psychologiques radicalement différentes et complexes, tout en partageant le même fondement.

- Le narcissisme est l'investissement de soi-même qui permet de se sentir bien dans sa peau. Tout individu doit posséder suffisamment d'amour envers soi-même pour être capable d'aimer un autre que lui-même. Le narcissisme heureux s'oppose à un narcissisme pathologique mortifère qui est une incapacité à investir un autre que soi.

- Le trouble de personnalité narcissique relève de la psychopathologie et il est diagnostiqué à l'aide de tests ou questionnaires de personnalité observant l'existence de certains traits de personnalité comme :

    - un sens grandiose de son importance, de ses réalisations ou de ses capacités ;

    - des rêves de succès illimité, de pouvoir et de splendeur, de beauté et d'amour idéal ;

    - le sentiment d'être spécial et unique, ne pouvant être compris que par des gens exceptionnels;

    - un besoin excessif d'être admiré ;

    - la croyance que tout lui est dû ;

    - l'exploitation d'autrui dans les relations interpersonnelles pour parvenir à ses propres fins ;

- un manque d'empathie envers autrui ;
- l'envie à l'égard d'autrui ou la croyance qu'autrui l'envie ;
- des comportements arrogants et hautains.

Ces individus préfèrent la rivalité à la solidarité. Ils font preuve de fortes capacités de travail pour arriver à leurs fins et ont une réussite sociale et professionnelle satisfaisante car ils sont très attirés par le pouvoir et la réussite, quels que soient les moyens pour y arriver. En revanche, les personnalités narcissiques sont rares : elles représentent 1 % de la population générale. Par conséquent, d'autres personnalités pathologiques et d'autres facteurs organisationnels sévissent forcément dans le harcèlement moral au travail.

• Le pervers narcissique est expert dans l'art de disqualifier les personnes dont il se sert : son plus grand exploit consiste à réussir à disqualifier les uns par les autres en se servant des uns pour disqualifier les autres à l'aide de mensonges croisés, de faux secrets colportés. Face à une telle incommunication, il est essentiel de dévoiler la vérité, de lever le rideau sur les mensonges, de faire la lumière sur les prédations, de révéler les secrets imposés. Il n'y a chez le pervers aucune véritable conscience du caractère pervers de ses conduites.

À noter

Aujourd'hui, au travail, les collègues s'injurient à l'aide du qualificatif *narcissique* sans connaître la dimension psychologique normale du narcissisme, ni la signification pathologique des troubles du narcissisme. Un diagnostic de personnalité narcissique ou de perversion narcissique exige un examen psychologique approfondi reposant sur l'utilisation de tests de personnalité (comme par exemple le test des taches d'encre de Rorschach), utilisés par certains psychologues.

L'emprise

L'emprise est une violence infligée :

- par empiètement du domaine privé d'autrui ;

- par une domination et l'exercice d'un pouvoir dominateur, voire tyrannique, où l'autre est contrôlé, manipulé, maintenu dans un état de soumission et de dépendance ;
- par l'impression d'une marque sur autrui.

L'auteur de l'emprise grave son empreinte sur l'autre. L'emprise nie toute différence, toute altérité et l'autre a un statut d'objet, d'instrument, de chose. Le pervers narcissique utilise l'arme fatale de la séduction pour mieux assujettir sa victime. La séduction, au sens d'une action de conquête, vise l'établissement d'une véritable illusion où l'autre va s'égarer et se perdre. Le pervers place sa victime dans un état d'asservissement et de dépendance qui témoigne de la réalité de son appropriation. Le pervers fait toujours violence car la séduction ne laisse jamais personne indifférent. Lorsque le dominé résiste à l'emprise, le pervers réagit par la violence et donne à voir la haine à l'état pur.

🔎 À noter

L'emprise est au cœur du harcèlement et peut être exercée par d'autres personnalités que les pervers narcissiques.

Les personnalités obsessionnelles

L'individu obsessionnel est également un expert dans l'emprise. Toutefois, l'obsessionnel exerce son emprise sur l'autre dans le registre du pouvoir et du devoir. L'autre doit agir comme lui l'entend. L'autre doit penser selon les normes qu'il lui impose et doit désirer selon le schéma tracé par l'obsessionnel. Cette volonté de puissance fait de l'obsessionnel un personnage dont le pouvoir est d'autant plus efficace qu'il s'exerce insidieusement, par un contrôle permanent, par des intrusions répétées qui violent l'intimité de l'autre en brisant les limites de son espace intérieur. Devant une telle menace d'anéantissement, l'autre se sent envahi par l'angoisse et peut réagir par la révolte ou la violence. Lorsque la personne cible décide de se soumettre et d'accepter la domination, l'emprise est totale, mais le maître obsessionnel n'en est pas pour autant satisfait et poursuit son œuvre de destruction, car telle est sa nécessité psychologique inconsciente.

Le profil du harceleur

Un agresseur solitaire ?

Le harceleur opère rarement seul. La plupart du temps, les harceleurs sévissent à plusieurs :

- les harceleurs sont au moins deux, dans 80 % des cas, selon l'enquête de Rouen[1] ;
- les harceleurs sont quatre ou plus, dans 44 % des cas ;
- le harceleur s'associe à deux ou à quatre personnes dans plus de 40 % des cas, d'après l'enquête de Leymann[2] ;
- les harceleurs sévissent au moins à 4 dans 17 % des cas. Le harceleur opère seul dans un tiers des cas seulement (33 %).

Les enquêtes montrent que le harcèlement n'est pas le fait d'un individu solitaire. Ces données permettent de relativiser la conception individuelle du harcèlement exercé par un pervers narcissique. En conséquence, le harcèlement ne reflète pas la dégradation d'une relation entre deux personnes.

Un homme ?

En France le harcèlement est majoritairement exercé par des hommes, car l'agression et la domination sont principalement masculines.

Le harcèlement est exercé par des responsables masculins dans la mesure où l'agression est principalement hiérarchique. Cependant le harcèlement dépend davantage du statut hiérarchique du harceleur

---

1. VIAUX J.-L., BERNAUD J.-L., « Le harcèlement psychologique au travail : une recherche nationale auprès des victimes », *Pratiques psychologiques*, 4, 2001.
2. LEYMANN H., *op. cit.*

que du sexe de l'agresseur. L'effet hiérarchique prédomine en effet sur le sexe de l'agresseur.

Un responsable hiérarchique ?

En France le harcèlement est majoritairement attribué à la hiérarchie.

L'enquête de Rouen[1] observe que 90 % des harceleurs ont un statut hiérarchique élevé. Le rôle du statut hiérarchique dans le harcèlement est confirmé dans l'enquête normande qui distingue quatre catégories de chefs : le niveau 1 correspond au chef d'entreprise, le niveau 2 au directeur, le niveau 3 au directeur adjoint, le niveau 4 au chef de service.

- au niveau 1, 74,5 % des harceleurs sont des hommes ;
- au niveau 2, ils sont encore 65,8 % ;
- au niveau 3, ils sont 53,7 % ;
- les femmes deviennent majoritaires au niveau 4 (56,8 %).

Les harceleurs sont, certes, le plus souvent des responsables hiérarchiques de sexe masculin, toutefois, les femmes harcèlent lorsqu'elles ont un pouvoir réel. Si les hommes sont surreprésentés dans le groupe des harceleurs, c'est parce qu'ils sont majoritaires au sommet de la hiérarchie des entreprises.

Ces statistiques illustrent la relation pervertie au pouvoir défendue par le Conseil économique et social. Dans le harcèlement, la relation est pervertie en une relation de domination/soumission ou dans une relation d'emprise et d'assujettissement. La finalité de cette relation pervertie au pouvoir peut être individuelle, groupale ou organisationnelle.

---

1. VIAUX J.-L., BERNAUD J.-L., *op. cit.*

Pseudo-cordialité

Certains harceleurs manifestent une apparente sociabilité et sont faussement extravertis en raison de leur peur de la relation à autrui. Ils ne recherchent pas l'échange mais la soumission d'autrui. L'apparente socialisation se caractérise par le monopole de la parole en public, les autres jouant le rôle d'admirateurs, ou par des discours pompeux qui rabaissent l'auditoire. L'autre sert à faire briller le harceleur.

Sentiment de persécution

Le sentiment de persécution est très fréquent chez les harceleurs, souvent lié à une hyper-méfiance et à une susceptibilité exacerbée. Autrui est vécu comme un danger. La cible de harcèlement moral révèle au harceleur sa propre méfiance et son sentiment de persécution. C'est ainsi que le vécu de persécution causé par la cible légitimise les méthodes destructrices du harceleur, et que ce dernier peut prétendre agir au nom de la légitime défense. La soumission de la cible est la visée de la tyrannie exercée par le harceleur. Si la cible résiste, vient le temps de la haine et de la rage destructrices.

Masquer l'incompétence

Le harceleur peut masquer son incompétence professionnelle derrière la grandiloquence des discours, l'irrationalité des objectifs, l'instabilité des projets. Il est un usurpateur ou un tartuffe qui a réussi à atteindre des postes de pouvoir à l'aide de stratégies manipulatrices. L'incompétence du harceleur est souvent révélée par la compétence du harcelé. C'est même cette différence de compétence entre le harceleur et sa cible qui initie le processus insidieux du harcèlement. Toute différence est insupportable et doit être supprimée. C'est pour cela que le harceleur cherche à évincer la cible.

Questionnaire 3 : Harceleur narcissique, obsessionnel ou paranoïaque ?

Ce questionnaire peut être complété par une cible, un auteur ou un témoin de harcèlement.

Consignes

- Consigne pour les cibles ou témoins : Répondez « oui » en inscrivant une croix {X} si le harceleur présente le trait de caractère décrit.

- Consigne pour tout harceleur réel ou présumé : Répondez « oui » en inscrivant une croix {X} si vous pensez présenter le trait de caractère décrit.

Un manager, un dirigeant, un salarié accusés à tort de harcèlement, peuvent répondre à ces questions afin de tester la réalité de certains traits de personnalité pour les comparer ensuite avec les traits des vrais harceleurs.

Le harceleur est une personne qui	OUI	Le harceleur est une personne qui	OUI
1 - ment souvent		21 - se montre entêtée	
2 - peut tromper autrui par intérêt personnel		22 - est excessivement scrupuleuse et rigide sur des questions de morale, d'éthique ou de valeurs	
3 - ne respecte pas les règles sociales		23 - se montre économe (avare) avec l'argent	
4 - peut s'approprier le travail d'un collègue		24 - accepte difficilement l'aide d'autrui, sauf s'il se soumet à sa manière de faire	
5 - peut fouiller dans le bureau d'un collègue		25 - se montre obstinée	
6 - peut détruire des documents d'un collègue		26 - est tellement préoccupée par les détails ou l'organisation qu'elle perd de vue l'objectif de la tâche	

Le harceleur est une personne qui	OUI	Le harceleur est une personne qui	OUI
7 - peut pirater l'ordinateur d'un collègue		27 - est tellement dévouée à son travail qu'elle délaisse ses amis, ses loisirs	
8 - ne connaît pas le remord		28 - a du mal à déléguer et est persuadée qu'elle fait mieux qu'autrui	
9 - peut transgresser le règlement		29 - termine difficilement un travail tant elle recherche la perfection	
10 - a du plaisir à tromper autrui		30 - est tellement perfectionniste qu'elle contrôle le travail de ses collaborateurs jusqu'à le refaire	
11 - pense beaucoup au pouvoir et à la réussite		31 - perçoit des attaques contre elle puis contre-attaque ou réagit avec colère	
12 - pense qu'elle mérite un traitement de faveur		32 - a l'impression que les collègues parlent d'elle quand ils discutent	
13 - n'a aucun intérêt pour les problèmes des autres		33 - est très méfiante	
14 - cherche à ce que les gens l'admirent et la félicitent		34 - doute souvent de la fiabilité des partenaires	
15 - utilise autrui pour arriver à ses fins		35 - ne se remet jamais en question mais accuse facilement les autres	
16 - pense beaucoup à sa renommée ou sa reconnaissance future		36 - se demandent en permanence si elle peut faire confiance aux personnes avec lesquelles elle travaille	
17 - a une très haute opinion d'elle-même		37 - est réticente à se confier à car elle craint que les autres retournent l'information contre elle	
18 - surestime l'importance de ses réalisations		38 - craint que les collègues l'exploitent, lui nuisent ou la trompent	

Le harceleur est une personne qui	OUI	Le harceleur est une personne qui	OUI
19 - trouve qu'il y a très peu de gens qui méritent son temps et son attention		39 - perçoit des menaces ou des insultes cachées dans les propos et gestes d'autrui	
20 - surestime sa valeur et sa compétence		40 - garde rancune ou met long-temps à pardonner aux personnes qui l'ont blessée ou dédaignée	

Résultats

Calculez vos scores

Comptabilisez le nombre de réponses « oui » pour chaque groupe de traits de personnalité et indiquez vos scores dans le tableau ci-dessous.

Groupe	Nombre de OUI	Personnalité
1 à 10		Antisociale
11 à 20		Narcissique
21 à 30		Obsessionnelle
31 à 40		Paranoïaque

Interprétez vos scores

Personnalité antisociale

Elle se caractérise par :

— le mépris et la transgression des droits d'autrui ;

— une incapacité à se conformer aux lois et aux normes sociales ;

— l'impulsivité ;

— une inaptitude à planifier à l'avance ;

— une certaine irritabilité, de l'agressivité, une absence de remords ;

— une indifférence à l'égard des actes commis, pour lesquels aucune justification n'est recherchée.

Personnalité narcissique

Elle ne parle que d'elle et présente une inflation de soi, un besoin d'être admiré, un manque de perception des problèmes d'autrui, du mépris pour les autres (voir p.38).

Personnalité obsessionnelle

Elle est perfectionniste, soucieuse de l'ordre et présente au minimum quatre traits parmi les suivants : un souci excessif du détail, un perfectionnisme entravant l'achèvement des tâches, un zèle excessif au travail au détriment des loisirs et des relations amicales, des scrupules et une rigidité en matière de valeurs éthiques et religieuses, une incapacité à se séparer d'objets usés, une réticence à déléguer ou à travailler en groupe, une tendance à chercher à soumettre les autres à son point de vue, une avarice ou une thésaurisation en vue de catastrophes futures, une rigidité ou un entêtement.

Personnalité paranoïaque

Elle est caractérisée par la surestimation de soi, la méfiance, la susceptibilité, l'incapacité à l'autocritique, la rigidité psychique (autoritarisme, intolérance), l'incapacité totale à remettre en cause son propre système de valeurs. L'individu paranoïaque utilise la projection : ce qui ne va pas, ce sont les autres.

La personnalité paranoïaque est plus fréquente que la personnalité narcissique, atteignant de 0,5 à 2,5 % dans la population générale. Le caractère paranoïaque est plus fréquent dans la population masculine.

Les personnalités paranoïaques utilisent des modes pervers, justifiés par leur sentiment de persécution qui provient de leur méfiance excessive. L'individu paranoïaque se présente parfois en victime, manipulant la compassion d'autrui, culpabilisant les cibles et menaçant son entourage. La vision du monde du paranoïaque est une vision binaire inversée qui se scinde en gentils et méchants : les gentils sont ceux qui cautionnent son mode de destruction et les méchants sont les cibles. Les harceleurs clivent les bons et les mauvais, les compétents et les incompétents. Ces classifications séparent les collègues en deux groupes : soumis/opposants, dominés/réticents, alliés du pouvoir/contre-pouvoir.

⚠️ **Attention**

La psychopathologie différencie une douzaine de troubles de personnalité dont le diagnostic repose sur la présence de plusieurs traits de personnalité (3 à 5) évalués à l'aide de tests de personnalité, de questionnaires validés statistiquement ou d'entretiens approfondis. Un seul trait de personnalité ne suffit pas pour diagnostiquer un trouble de personnalité. Dans nos recherches, les cibles décrivent leurs harceleurs comme des individus présentant des personnalités narcissiques, obsessionnelles ou paranoïaques.

Un diagnostic de personnalité repose sur l'utilisation de tests de personnalité ou de questionnaires standard composés de 200 questions et plus, validés statistiquement et analysés par des psychologues.

Changements structurels et harcèlement

Des événements professionnels comme la nomination d'un nouveau directeur général, une restructuration, un plan social, etc. sont autant de facteurs organisationnels susceptibles d'induire un processus de harcèlement.

Un changement dans l'entreprise est souvent mentionné dans les enquêtes :

- une réorganisation dans l'entreprise est observée dans 29 % des cas[1] et un changement de supérieur hiérarchique dans 28 % des cas ;

- un changement intervenu dans l'entreprise (rachat, fusion, changement de direction) est évoqué dans la dégradation de l'ambiance de travail par 34 % des salariés interrogés en région

---

1. SEILER-VAN DAAL B., Thèse de médecine, « Évaluation du harcèlement moral, enquête dans une population de 1210 salariés et exploitation dans le but de construire un outil de dépistage », université Louis-Pasteur, faculté de médecine de Strasbourg, 2000.

Aquitaine[1] et dans 57 % des cas, dans l'enquête de M.-F. Hirigoyen[2].

La violence est utilisée pour diriger, selon 32 % des salariés, et 53 % déplorent que leur entreprise utilise la menace de licenciement ou un équivalent.

Le profil des cibles

Les enquêtes nationales, européennes et internationales révèlent quelques caractéristiques des cibles de harcèlement moral au travail, qui contredisent la croyance d'un profil type de la cible vue comme une personne responsable et masochiste (ce qui sert la cause des harceleurs et déculpabilise leurs complices).

Des statistiques contrastées

Les statistiques sont très contrastées quant au sexe des cibles. Certaines enquêtes montrent que les femmes sont plus souvent visées, tandis que d'autres enquêtes montrent que les hommes sont davantage victimes du harcèlement.

Les femmes, cibles majoritaires ?

La plupart des statistiques montrent que les femmes sont davantage touchées par le harcèlement en France : les cibles de harcèlement sont à 70 % des femmes, dans sept enquêtes françaises sur neuf. Cette surreprésentation des femmes harcelées reflète la féminisation de certains secteurs professionnels. En effet, les femmes sont majoritaires dans les métiers de la relation d'aide, du soin, de l'éducation, de l'humanitaire et des services, où le harcèlement est très fréquent.

---

1. MANCEL C., *Les phénomènes et situations de violence en milieu professionnel, Performances*, 2, 2002.
2. HIRIGOYEN M.-F., *Le harcèlement moral dans la vie professionnelle, démêler le vrai du faux*, Pocket, 2002.

Les hommes, cibles majoritaires ?

Le risque d'être cible est plus élevé pour les hommes (56,5 %) que pour les femmes (43,5 %) dans l'enquête de Strasbourg[1].

Les hommes sont davantage cibles de harcèlement (51 %) que les femmes (49 %) d'après le sondage du journal *Rebondir*[2].

Les hommes sont plus souvent harcelés car ils sont plus nombreux au sommet de la hiérarchie socioprofessionnelle.

Harcèlement et sexisme

Le Conseil économique et social évoque le mode machiste et sexiste dans le harcèlement moral au travail : « *Lorsque le harcèlement vise les femmes et qu'il est le fait d'hommes, il fonctionne sur un mode machiste, sexiste, qui peut avoir des liens avec le harcèlement sexuel, même s'il n'a pas évidemment la même finalité[3].* »

En effet, les modes de harcèlement diffèrent selon le sexe : les insultes sexistes et le harcèlement sexuel ciblent davantage les femmes. Dans ces deux méthodes, on cherche à humilier la femme en visant l'intime. Quoi de plus intime que le sexe ?

La législation française a condamné le harcèlement sexuel dès 1992, dix ans avant le harcèlement moral (article 122-46 du Code du travail).

La sanction de l'âge

En France, la personne cible de harcèlement est plutôt un adulte dont l'âge se situe entre 40 et 50 ans. Le harcèlement apparaît comme une véritable sanction de l'âge.

---

1. Association Mots pour maux au travail, *motspourmaux@wanadoo.fr*.
2. *www.rebondir.fr*, 5 juin 2000. Sondage IPSOS, mai 2000.
3. DEBOUT M., *op. cit.*

L'âge des cibles est curieusement élevé dans les enquêtes :

- 50,8 % des cibles ont entre 40 et 54 ans dans l'enquête Provence-Alpes-Côte d'Azur[1] ;
- 69 % des cibles ont plus de 36 ans d'après l'enquête de Garches, Créteil et Cochin[2] ;
- les cibles sont majoritairement âgées de plus de 36 ans, dans l'enquête de M.-F. Hirigoyen[3].

Les cibles âgées de moins de trente ans quittent plus facilement un travail car leurs possibilités de retrouver un autre emploi sont plus importantes qu'au-delà de quarante-cinq. De plus, certaines cibles n'ont plus la confiance nécessaire pour mettre toutes les chances de leur côté dans la recherche d'un nouvel emploi.

Les jeunes, cibles de harcèlement

La personne cible de harcèlement peut être jeune et avoir moins de 25 ans.

L'enquête en région Poitou-Charentes[4] auprès d'apprentis révèle l'importance du harcèlement chez ces jeunes : 6 % des apprentis se disent insultés, 19 % objets de vexations, 25 % se plaignent qu'on leur parle durement et six apprentis se disent battus.

Une enquête de Strasbourg[5] confirme le harcèlement des jeunes et observe même que les jeunes sont plus harcelés que les autres groupes d'âge.

---

1. CHIARONI J., « Le harcèlement moral au travail, étude auprès des médecins du travail de la région PACA », *Archives des maladies professionnelles et de l'environnement*, 62, 2001.
2. BENSEFA L. et coll., « Harcèlement moral et pronostic professionnel chez 126 patients d'une consultation de pathologie professionnelle », *Archives des maladies professionnelles et de l'environnement*, 65, 2004.
3. HIRIGOYEN M.-F., *op. cit.*
4. SAILLARD C., SAUTEJEAU V., « Conditions de travail et santé des apprentis de moins de 18 ans de la Vienne », *Santé et travail,* 33, 2000.
5. Association Mots pour maux au travail, *motspourmaux@wanadoo.fr.*

Les personnes cibles peuvent être des jeunes débutant leur activité professionnelle, précarisés ou dans un statut précaire.

Les enquêtes concluant à l'absence de harcèlement avant 25 ans présentent un biais car les jeunes de cette tranche d'âge répondent moins aux questionnaires.

Catégories socioprofessionnelles : des chiffres contradictoires

Les enquêtes sur les catégories professionnelles les plus touchées par le harcèlement obtiennent des statistiques totalement contradictoires : certaines montrent que toutes les catégories professionnelles sont concernées par le harcèlement, d'autres concluent que les cadres sont davantage concernés et d'autres constatent que les ouvriers et employés sont plus souvent cibles de harcèlement.

Cadres et professions intermédiaires

Un quart des cadres se disent harcelés moralement[1]. Les cibles sont majoritairement des professions intermédiaires (47,2 %), des cadres supérieurs (23,2 %) dans l'enquête menée dans les services des maladies professionnelles de Cochin, Garches et Créteil[2]. Ces catégories socioprofessionnelles sont surreprésentées chez les cibles de harcèlement, étant donné leur nombre dans la population active nationale (14,8 % et 23,3 %). Ces professionnels sont en fait au cœur des procédures de réorganisation du travail.

Les salariés les moins touchés par le harcèlement sont les employés de bureau (16 %), les ouvriers et agents de fabrication (13,6 %).

Employés et ouvriers

Dans certaines enquêtes régionales les cibles de harcèlement sont majoritairement employés ou ouvriers.

---

1. Confédération française de l'encadrement, Confédération générale des cadres : *www.cfecgc.org.*
2. BENSEFA L. et coll., *op. cit.*

Dans l'enquête Provence-Alpes-Côte d'Azur[1], les cibles sont les employés de bureau dans 57 % des cas, suivis par les cadres moyens (20 %), les cadres (12 %), les cadres supérieurs (12 %) et enfin, les ouvriers et agents de fabrication (10,6 %).

> 🔍 **À noter**
>
> L'ancienneté est un motif réel de harcèlement car on cherche à se débarrasser des salariés les mieux payés en prime d'ancienneté.
> La résistance à la soumission est moindre avec l'âge et l'autonomie plus affirmée. Or, l'autonomie et la résistance sont des caractéristiques fréquentes chez les cibles de harcèlement moral au travail.

La personnalité des cibles

La cible est affublée de tous les défauts : elle est déclarée trop professionnelle, trop autonome, trop compétente, trop active, etc. Elle est souvent considérée comme responsable de ce qui lui arrive. Ces arguments signent la victoire du harceleur et la réussite de sa stratégie de disqualification de la cible. Discutons maintenant quelques traits de personnalité attribués à tort ou à raison aux cibles de harcèlement.

La cible : différente ou atypique

Toute personne atypique et différente est exposée au harcèlement. L'agresseur n'accepte pas la différence chez l'autre. Tout signe distinctif constitue un élément déclencheur d'agissements hostiles. Toute différence est susceptible d'être le prétexte déclenchant le processus de harcèlement.

Les enquêtes canadiennes montrent que des caractéristiques susceptibles de susciter l'envie, comme la beauté, la jeunesse, les qualités relationnelles, peuvent être invoquées dans le harcèlement[2].

D'autres caractéristiques de personnalité comme la timidité, le caractère lymphatique, la vulnérabilité liée à une situation familiale, des

---

1. CHIARONI J., *op. cit.*
2. POILPOT-ROCABOY G., « Le processus de harcèlement professionnel », *Revue française de gestion*, 31-51, 2000.

difficultés d'expression verbale, une réactivité émotionnelle, une pratique religieuse, l'homosexualité, l'appartenance ethnique, des disgrâces physiques, peuvent servir d'amorce au harcèlement.

Les personnes qui résistent au formatage sont des cibles fréquentes du harcèlement : salariés trop honnêtes, trop dynamiques, trop idéalistes, ou intègres, etc.

Les personnes protégées sont parfois visées par le harcèlement : c'est le cas de certains délégués du personnel, de certains représentants syndicaux.

🥄 À noter

Le harcèlement est fondamentalement discriminatoire puisque toute différence est prétexte au harcèlement : engagement, croyance, performance, compétence, efficacité, discrétion, modestie, altruisme, solidarité, etc. Le harcèlement vise le nivellement et il est une incitation à être conforme à la majorité.

Un bourreau de travail ?

Les cibles ont une conscience professionnelle élevée, une certaine ambition et une tendance à résister à l'autoritarisme. Les valeurs professionnelles du salarié comme l'ambition, le souci d'efficacité et la conscience professionnelle peuvent être le prétexte du harcèlement et faire du salarié la cible désignée du harcèlement. L'opposition d'un salarié subordonné est souvent un événement déclencheur.

Le harcèlement se développe préférentiellement dans les activités professionnelles qui exigent un investissement personnel important. En effet, les secteurs professionnels où sévit souvent le harcèlement sont les métiers de la relation d'aide, du soin, de l'éducation, de l'humanitaire et des services où les femmes sont majoritaires.

Le surinvestissement dans le travail et le perfectionnisme figurent parmi les facteurs prédictifs d'une vulnérabilité au harcèlement professionnel. Le surinvestissement peut concerner la réussite professionnelle, ou peut être un surinvestissement affectif du travail au détriment d'autres domaines de la vie, sociale, politique, relationnelle, familiale.

⚠ **Attention**

Le surinvestissement du travail conduit certaines personnes à une addiction au travail (aussi appelé *workaholism*).

Le perfectionnisme est considéré comme une qualité mais, au-delà d'un certain degré, il devient un problème. Une personne peut être tellement perfectionniste qu'elle n'est jamais satisfaite de son travail et ne peut jamais finir une tâche ou clore un dossier. Ce perfectionnisme n'est plus une compétence appréciée mais un trait invalidant pour la personne et son entourage professionnel.

Les personnes trop compétentes ou les individus qui prennent trop de place sont exposés au harcèlement. Lorsque certaines personnalités risquent de faire de l'ombre à leur supérieur, la tentation est grande de les disqualifier pour les évincer.

Les personnes trop investies dans leur travail ont un besoin exacerbé de reconnaissance qui peut susciter une certaine hostilité.

Une personne autonome

La cible de harcèlement est rarement une personne soumise, contrairement à l'idée reçue. Au contraire, la victime a une personnalité affirmée. Elle est capable de discuter des ordres, de s'opposer à certaines directives.

La cible conteste souvent et représente alors un grain de sable dans le fonctionnement institutionnel. Les harcelés sont souvent « *des grandes gueules, ou pour le moins de fortes personnalités*[1] ».

Le harcèlement vise souvent à contraindre la cible à céder, à se soumettre ou à se démettre. La cible a cette particularité de résister à la domination. Si elle ne résistait pas, elle serait comme les autres, fondue dans la cohésion du groupe. La cible a une personnalité forte qui suscite l'envie chez tous ceux qui aimeraient avoir cette capacité de résister à la soumission. L'autonomie irrite tous ceux qui ont peur d'assumer une décision individuelle, qui ont peur du jugement d'autrui et qui sont incapables de liberté psychologique. La cible révèle chez autrui des sentiments d'infériorité, des peurs infantiles et

---

1. HIRIGOYEN M.-F., « Le harcèlement moral au travail en 2003 », *Le journal international de victimologie*, 1,3, 2003.

cristallise l'agressivité des individus mis en difficulté par la révélation de la différence. La cible est déclarée responsable : c'est de la projection. À ce titre, la cible est souvent un révélateur des limites d'autrui et joue le rôle d'un miroir qui renvoie frustrations, incompétences, limites. La cible déclenche la haine et doit être éliminée pour que les harceleurs retrouvent leur équilibre psychologique antérieur. Les cibles disent souvent : « *Mais je n'ai rien fait pour subir une telle haine.* » Faut-il accuser l'individu qui refuse de se soumettre à des attitudes irrespectueuses, humiliantes ou la personne qui agit de manière tyrannique et despotique ?

L'autonomie de la cible révèle au grand jour la dépendance du harceleur. Le harcèlement vise à aliéner et à ôter toute autonomie à la cible. À l'inverse, le futur harceleur est en manque d'autonomie mais le harcèlement lui donne l'illusion d'être devenu autonome, puisqu'il impose ses règles de fonctionnement de manière despotique.

Une victime née ?

Considérer toute personne cible de harcèlement comme victime née, c'est considérer l'existence d'une prédisposition, d'un terrain préexistant. Très souvent les accusateurs ne font pas la différence entre invincibilité et invulnérabilité. Certains individus sont moins vulnérables que d'autres aux traumatismes et on parle alors de capacité à résister. La résilience ou capacité de résister n'est pas équivalente à l'invulnérabilité. De plus, il n'y a pas d'invulnérabilité totale.

Aucune victime ne peut résister longtemps au *mobbing* et à la *psychoterreur* car « *pour faire face à de lourdes exigences, supporter de très fortes pressions, l'être humain a besoin de ressources considérables. Mais chacun peut sombrer dans des situations où les meilleures ressources ne suffisent plus*[1]. »

Considérer les cibles de harcèlement comme des victimes nées, c'est se convaincre de son invulnérabilité et s'attribuer une toute-puissance protectrice. Projeter sur autrui une fragilité, c'est refuser de reconnaître en soi une certaine vulnérabilité.

---

1. LEYMANN H., *op. cit.*

Un profil type ?

Toute personne peut être déstabilisée par un épisode de harcèlement. La répétition continue et prolongée des agressions érode l'estime de soi, diminue l'assurance, et atteint la confiance en soi. Tout le monde peut être victime de harcèlement moral et personne ne peut prétendre en sortir indemne.

Nos recherches montrent que la majorité des cibles ne présente pas de trouble de personnalité particulier et confirment l'idée selon laquelle il n'existe pas de profil type de victime de harcèlement, même si quelques cibles présentent des traits de personnalité dépressive, obsessionnelle ou sensitive.

La personnalité dépressive

Elle présente au moins cinq des traits de personnalité suivants : une humeur habituelle morose, triste ; la croyance de ne pas être à la hauteur, des idées de dévalorisation, une faible estime de soi, des critiques et des reproches à elle-même ; une vision négative ou critique d'autrui ; un pessimisme, une tendance à éprouver des remords et de la culpabilité.

La paranoïa sensitive des victimes

Certaines cibles de harcèlement peuvent fonctionner sur ce mode de sensitivité paranoïaque, où la persécution est vécue dans un sentiment dépressif de dévalorisation. Les traits des sensitifs sont l'auto-dévalorisation, l'inhibition, la soumission, la plainte.

La responsabilité est souvent attribuée à la cible de harcèlement et non au harceleur, à l'image de la femme violée qui est désignée responsable du viol à la place du violeur. En effet, l'entourage exprime souvent que la cible de harcèlement l'a cherché : « *Elle l'a provoqué.* » ; « *Elle n'a que ce qu'elle mérite.* » C'est la même mauvaise foi qui fait dire qu'une jeune fille a tout fait pour être violée : « *Elle sortait dans la rue et ne restait pas cloîtrée chez elle ; elle n'a que ce qu'elle mérite.* » Ces explications justifient la violence infligée et innocentent l'agresseur. De manière plus subtile, dans le harcèlement moral, la cible est accusée d'être caractérielle, hystérique, narcissique, masochiste, etc. Les manipulations du harceleur ont réussi à légitimer la souffrance infligée et les agressions ont trouvé un écho favorable chez les personnes envieuses de la cible.

Le harcèlement révèle souvent un malaise groupal aigu et des dysfonctionnements collectifs sévères. Ainsi, certains groupes désignent un bouc émissaire pour évacuer les tensions entre les membres du collectif. En analyse systémique, cette personne est considérée comme un *intégrateur négatif.* La fonction de cette personne est de réunir contre elle l'agressivité du groupe, qui peut à nouveau fonctionner après avoir déchargé son agressivité. Dans certains groupes, la fonction d'intégrateur négatif est tenue à tour de rôle. Chaque membre du groupe sait que ce jeu de chaises tournantes risque de voir le choix de la victime se porter sur lui, et se réjouit que la victime actuelle soit un autre. Le comportement de chaque membre de ces groupes vise à éviter d'attirer la foudre du groupe contre lui. Tout soutien à la cible est vécu comme un risque de devenir la victime. Dans ce cas, le harcèlement est un phénomène collectif massif.

Plus une proie qu'une victime

Parler de *cible* ou de *proie* plutôt que de victime est préférable, car le mot « victime » sous-entend des personnalités faibles, plaintives, timides qui se soumettent ou qu'on écrase. Le qualificatif de « victime » gomme la spécificité du harcèlement, qui est une mise à mort programmée, une stratégie destructrice intentionnelle et délibérée. Le harcèlement moral au travail est une stratégie complexe, rusée, habile, faite de mensonges, de manipulations, de rumeurs savamment distillées, d'erreurs provoquées, d'ordres contradictoires, de directives floues, d'humiliations publiques. L'objectif est de déstabiliser le salarié, de l'empêcher de mener son activité professionnelle à bien, de le faire douter de lui-même, au point de le faire craquer.

Après la capitulation de la cible par démission, départ, licenciement, arrêt maladie, le harcèlement se poursuit et perdure dans les organisations qui le tolèrent. En effet, il est fréquent de constater que le harcèlement préexistait avant l'arrivée de la cible et qu'il continue après son départ, car il reflète le mode de fonctionnement du groupe. En cas de licenciement, la sanction de la victime apparaît comme un encouragement officiel aux harceleurs. Victorieux, ils renouvellent leur exploit en ciblant une nouvelle proie présentant une plus grande capacité de résistance, pour augmenter la difficulté de la victoire et pimenter la compétition.

Cibles solitaires : l'exception

La personne harcelée est rarement seule. Les cibles sont plusieurs à être victimes des mêmes persécuteurs dans 87,5 % des cas, et au moins quatre dans 45 % des cas[1].

Le harcèlement n'est donc pas le résultat de la dégradation d'une relation entre deux personnes, puisque le harceleur agit rarement seul et que la cible solitaire est l'exception. Ces statistiques illustrent le caractère collectif du harcèlement, où plusieurs personnes harcèlent plusieurs cibles. En conséquence, le harcèlement relève d'une analyse psychosociale, contextuelle, multifactorielle et non d'une interprétation psychologisante individuelle excluant tout facteur organisationnel. Quel rôle joue l'entourage professionnel ou personnel ?

Un entourage professionnel peu solidaire

Les cibles obtiennent du soutien principalement dans le cercle familial, amical et médical. Les cibles sont soutenues par leur famille (60 %), selon l'enquête alsacienne du docteur Seiler[2].

Elles sont soutenues par leurs collègues dans un tiers des cas, selon l'enquête de Rouen.

Le soutien des directions des ressources humaines (DRH) est très faible :

– 5,7 % dans l'enquête de Rouen[3] ;

---

1. VIAUX J.-L., BERNAUD J.-L., *op.cit.*
2. SEILER-VAN DAAL, B., *op.cit.*
3. VIAUX J., BERNAUD J.-L., *op. cit.*

– 1 % des cas selon l'enquête de M.-F. Hirigoyen[1].

Ces chiffres questionnent la dimension « ressources humaines » dont semble exclu le soutien aux cibles de harcèlement.

La crainte des témoins

Les témoins craignent de devenir eux mêmes harcelés. Principalement préoccupés de leur propre sort, ils se taisent pour se protéger eux-mêmes : « *Dans tous les cas examinés, ce sont les collègues et les supérieurs hiérarchiques qui contribuent le plus à l'aggravation du conflit…Mais surtout, et de ceci j'en suis sûr, le désir d'être et de rester en position d'agresseur au lieu de devenir eux-mêmes la cible du mobbing conforte la résolution des persécuteurs[2].* »

Pas de harcèlement sans témoins silencieux

Le silence des collègues de la cible permet au harceleur de poursuivre son entreprise destructrice. Le harcèlement fait peur et fait taire victimes et collègues dans le but de rendre opaques les dysfonctionnements de l'institution et de garantir le pouvoir à ses détenteurs actuels : « *Un initiateur ou un bénéficiaire direct du harcèlement joue de la complicité, consciente ou non, d'autres acteurs qui peuvent y trouver des bénéfices secondaires ou céder à la peur[3].* »

Lorsque la victime a démissionné, et qu'elle n'est plus sous les yeux des témoins, les collègues se disent soulagés. Cet apaisement illustre que ces témoins silencieux sont tacitement complices des souffrances infligées à la cible de harcèlement.

---

1. HIRIGOYEN M.-F., *Le harcèlement moral dans la vie professionnelle, démêler le vrai du faux*, Pocket, 2002.
2. LEYMANN H., *op. cit.*
3. HIRIGOYEN M.-F., « Le harcèlement moral au travail en 2003 », *Le journal international de victimologie*, 1, 3, 2003.

L'isolement : un facteur aggravant

Le harcèlement est plus grave si la victime est séparée de tout collectif professionnel. L'isolement accentue la souffrance psychologique et aggrave le traumatisme, tandis qu'une parole d'encouragement ou un geste de sympathie valent de l'or pour la personne cible. Or les collègues ont peur de manifester de la sympathie à la personne harcelée, soit qu'ils doutent et se disent : « *Cela n'arrive qu'aux autres* », soit qu'ils trouvent une justification du type : « *Si on la traite ainsi, c'est parce qu'elle a fait quelque chose.* » Dans tous les cas ils se désolidarisent. Même les plus solidaires peuvent s'épuiser au fil du temps, et se désolidariser.

À leur décharge, la séduction propre au harceleur a opéré favorablement dans un premier temps chez la cible. Tout comme la cible, les collègues sont pris au piège de la séduction. Le harceleur réussit souvent à entraîner les collègues dans son camp, et l'alliance ainsi créée renverse la charge de la preuve contre la cible, présentée désormais comme une personne responsable de sa situation.

Le silence des collègues s'explique en outre par la difficulté à comprendre les processus du harcèlement, qui sont le plus souvent indirects et insidieux. La cible des agissements hostiles elle-même ne comprend pas immédiatement le phénomène et met du temps à penser qu'il s'agit de harcèlement. Ainsi les raisons de l'absence de solidarité collective reviennent parfois à la cible elle-même, qui masque le harcèlement dans un premier temps, avant d'opérer un retrait et de s'isoler.

Le mythe de la victime

Justification du harcèlement

La manipulation est telle que la cible, si elle ne réagit pas ou si son entourage ne l'aide pas, va consentir à son harcèlement puis le cautionner, jusqu'à le justifier.

61

L'entourage encourage l'engrenage de la justification en cherchant une raison et une explication au harcèlement, ce qui est une autre manière de mettre en cause la responsabilité de la cible. Leurs questions s'expriment ainsi : « *Qu'a-t-elle fait pour être harcelée ainsi ? Si le harceleur s'attaque à cette cible, elle y est forcément pour quelque chose.* » Les réponses justifient souvent le harcèlement.

Ces justifications explicatives sont insidieuses et constituent souvent un *second traumatisme* qui redouble le premier traumatisme du harcèlement. Des cibles parlent de « *coups de poignard* », de « *coups de grâce* » qui les ont « *achevées* ». Car l'effet de ces jugements est désastreux sur le psychisme de la cible. Le peu d'estime de soi qui avait résisté aux agressions se trouve annihilé.

Un symptôme de la pathologie institutionnelle

Le mode de défense des salariés qui entourent la cible de harcèlement est spécifique et a pour fonction de masquer les rôles de chacun des collègues dans le harcèlement : c'est ainsi que l'entourage professionnel crée les mythes dont le groupe a besoin pour justifier la stigmatisation, le rejet et l'exclusion.

La cible du harcèlement, lors de son arrivée, a été perçue comme une personne raisonnable, compétente, puisque sa candidature a été retenue. Lorsque le conflit apparaît, l'accord initial sur la nouvelle recrue se modifie soudainement et s'inverse. La cible est déclarée déplaisante, incapable de travailler en équipe. Les jugements péjoratifs envers la cible aggravent l'angoisse, la tristesse, la souffrance et la stigmatisation. C'est ainsi que tous les dysfonctionnements de l'institution sont reportés sur une cible ou un groupe. Le harcèlement a donc une fonction positive pour l'organisation, dans la mesure où la cible endosse le symptôme de la pathologie institutionnelle. Les cibles se succèdent et permettent à l'institution de continuer à fonctionner en dysfonctionnant.

Responsabilité des psychologues

Certains professionnels de la relation d'aide participent au mythe de la responsabilité de la victime. En effet, certains psychologues nient

62

tout facteur organisationnel et ne s'intéressent qu'aux processus psychiques inconscients, et n'apportent aucune aide immédiate à la cible dans sa reconstruction psychique : « *Passer l'enfance au peigne fin n'est d'aucune aide. Et lorsque travailleurs sociaux et psychologues doivent s'avouer que leurs méthodes de traitement ne les mènent à rien, ils tendent à rejoindre les accusateurs et (…) déclarer qu'effectivement l'accusé est « un caractériel »*, que c'est à lui de se ressaisir et de se soumettre à un traitement adéquat[1]. »

Certains psychanalystes sont enfermés dans un cadre d'analyse individuel excluant tout contexte professionnel propice au harcèlement stratégique ou institutionnel et privilégiant le caractère interne (intra-psychique), alors même que le harcèlement opère rarement entre un harceleur et une cible et implique toujours la direction et la hiérarchie. Heureusement, certains psychologues et psychanalystes travaillant auprès de patients souffrant de maladies professionnelles insistent au contraire sur la réalité néfaste de certains facteurs organisationnels et économiques dans le processus de la souffrance psychologique au travail.

Vers un partage des responsabilités

Un observateur a toujours tendance à privilégier des explications individuelles au détriment des explications organisationnelles.

L'explication individuelle s'exprime à l'aide de propos sur la cible tels que : « *Elle est vulnérable.* » ; « *Elle l'a cherché.* » ; « *Elle a bien fait quelque chose pour que ça tombe sur elle.* » ; « *Elle n'a que ce qu'elle mérite.* » ; « *Elle n'est pas faite pour ce travail.* » L'idée est que la cible est responsable et récolte ce qu'elle a semé.

Cette persévérance dans l'idée qu'une victime est en partie responsable des violences qui lui sont faites maintient l'illusion d'un monde juste et vise à écarter le témoin de l'idée qu'il pourrait être victime à son tour. Or, une telle tendance à considérer la victime responsable légitime le harcèlement.

---

1. LEYMANN H., *op. cit.*

Savoir que l'approche individuelle est prédominante incite à la distanciation, à la réflexion et encourage l'explication organisationnelle, collective, où chacun assume sa part de responsabilité.

La stigmatisation de la cible représente une participation complice au processus de harcèlement. Face à une situation de harcèlement, chacun doit se demander dans quelle mesure :

— il collabore au projet d'exclusion d'une personne ;

— il partage l'intention de destruction d'une cible désignée ;

— il jouit de condamner un rival ;

— il attend des bénéfices personnels de l'éviction d'un collaborateur ;

— il est animé d'un même désir haineux que le harceleur ;

— il est lui-même anesthésié par le venin mortel distillé par le ou les harceleur(s).

Un tel questionnement individuel s'oppose à la tendance spontanée à projeter sur autrui les caractéristiques que l'on refuse de se reconnaître et met fin à la stigmatisation d'une cible et d'un harceleur. Une question toutefois reste posée : à qui profite le délit ?

En résumé

Des restructurations et des réorganisations initient souvent le harcèlement et constituent des facteurs professionnels propices au harcèlement moral au travail. De nombreuses caractéristiques organisationnelles comme les modes de management basés sur la menace ou la peur du licenciement et la gestion tardive des conflits induisent aussi le harcèlement. Ces caractéristiques structurelles et managériales relativisent l'importance à accorder aux traits de personnalité du harceleur et de la cible, qui ne sont pas les seuls partenaires impliqués dans un processus de harcèlement. De plus, le harcèlement se produit dans une communauté professionnelle encadrée par une direction ou une hiérarchie responsable de l'application de la législation en vigueur.

Chapitre 3

Les multiples visages du harcèlement

Le harcèlement moral peut être individuel ou collectif, vertical ou horizontal, masculin ou féminin, ascendant ou descendant, pathologique ou stratégique, groupal ou interindividuel, professionnel ou familial. Il sévit derrière plusieurs masques, même dans le monde professionnel.

Des formes horizontales et verticales de harcèlement

Le harcèlement peut être vertical et/ou horizontal.

Le harcèlement est *vertical descendant* quand il est effectué par un responsable hiérarchique.

Le harcèlement est *vertical ascendant* lorsqu'il est opéré par un subordonné.

Le harcèlement est *horizontal* lorsqu'il se produit entre collègues.

Le harcèlement *mixte* désigne une association d'agissements exercés par la hiérarchie et les collègues.

Questionnaire 4 : Êtes-vous cible, acteur, témoin de harcèlement vertical ou horizontal ?

Le questionnaire 4 vous propose de découvrir la forme de harcèlement dont vous êtes cible ou vous permet d'identifier la forme de harcèlement dont vous êtes acteur ou témoin.

L'agresseur est-il	NON	OUI
A – un responsable hiérarchique		
B – un collègue		
C – un subordonné		
D – un responsable hiérarchique et un collègue		
E – un responsable sans autorité hiérarchique		

Chaque réponse A-B-C-D-E décrit une forme de harcèlement.
A : Le harcèlement est vertical descendant.
B : Le harcèlement est horizontal.
C : Le harcèlement est vertical ascendant.
D : Le harcèlement est mixte.
E : Le harcèlement est exercé par un individu qui pratique un abus de pouvoir : il se comporte en chef hiérarchique et exerce une autorité qu'il s'attribue arbitrairement.

Harcèlement hiérarchique ou entre collègues ?

Les collègues sont les principaux agresseurs dans certains pays européens, tandis qu'en France le harcèlement est principalement le fait de la hiérarchie. En Europe, le harcèlement est vertical *et* horizontal. En effet, à terme le harcèlement devient mixte, car il implique une participation des collègues et la permissivité de la hiérarchie.

En Europe

En Europe, le harcèlement est le fait des collègues et de la hiérarchie. Le harcèlement est vertical descendant (hiérarchique) *et* horizontal (entre collègues de même niveau hiérarchique), d'après l'enquête de la Fondation européenne pour l'amélioration des conditions de vie et de travail[1]. Le harcèlement est :

- hiérarchique ou vertical descendant dans 47 % des cas ;
- horizontal, dans 44 % des cas ;
- vertical ascendant dans 9 % des cas, entre subordonnés et responsables.

Les différents pays européens présentent des particularités nationales :

- en Suède, le harcèlement est principalement le fait des collègues (44 %) et secondairement, le fait de la hiérarchie (37 %) ;
- en France, le harcèlement est majoritairement le fait de la hiérarchie, sans exclure la participation des collègues.

🔍 À noter

La forme hiérarchique ou horizontale évolue avec la durée des agissements hostiles. Au début du processus, les actions négatives peuvent être effectués par un individu qui va s'entourer d'alliés actifs et de complices passifs.

En France

Les enquêtes observent une prédominance du harcèlement vertical descendant en France.

Les évaluations françaises du harcèlement hiérarchique oscillent entre 49 % et 90 %, presque du simple au double.

Les statistiques montrent également que le collectif du travail participe au processus de harcèlement, qui implique la hiérarchie et les collègues, au fur et à mesure de l'évolution du harcèlement dans le temps. Les données du tableau ci-après illustrent la réalité collective du harcèlement.

---

1. Ministère de l'emploi, Fondation européenne pour l'amélioration des conditions de vie et de travail, 1997.

	Harcèlement vertical	Harcèlement horizontal	Harcèlement mixte
	Hiérarchie	Collègues	Hiérarchie et collègues
CFE-CGC[1]	49 %	25 %	17 %
M.-F. Hirigoyen[2]	58 %	12 %	29 %
Association ANVHPT & université de Rouen[3]	90 %	8 %	21,6 %

Autoritarisme du manager et harcèlement vertical

L'autoritarisme d'un responsable est un motif fréquemment invoqué dans le harcèlement hiérarchique.

Des subordonnés sont agressés par un supérieur hiérarchique qui exerce son autorité de manière autoritariste en proférant des menaces, des invectives répétitives : « *Le supérieur se prévaut de son pouvoir d'une manière démesurée et archaïque, le but étant de réduire l'influence qu'un salarié a éventuellement sur son entourage*[4]. » Dans ce cas, le chef hiérarchique exige une inféodation de ses employés et non une adhésion volontaire et consentie à un projet commun.

L'autoritarisme, l'arrogance ou la partialité d'un chef hiérarchique motivent également les protestations des subordonnés dans le harcèlement vertical ascendant.

Une relation pervertie au pouvoir

Dans le harcèlement vertical ascendant, des subordonnés agressent leur chef hiérarchique car ils s'opposent à la nomination de ce respon-

---

1. Étude de la Confédération française de l'encadrement, Confédération générale des cadres (CFE-CGC) auprès de 1079 cadres en mars 2004. *www.cfecgc.org.*
2. HIRIGOYEN M.-F., *Le harcèlement moral dans la vie professionnelle, démêler le vrai du faux*, Pocket, 2002.
3. VIAUX J.-L., BERNAUD J.-L., *op. cit.*
4. LEYMANN H., *op. cit.*

sable qui n'a pas leur agrément, soit parce qu'ils attendaient la nomination d'une autre personne, ou qu'un salarié espérait le poste, ou encore simplement parce qu'ils ne souhaitaient pas de responsable. Le harcèlement a ici pour cible la personne promue, quelle que soit la personnalité de l'intéressée, quel que soit l'autoritarisme du manager. La nomination d'un nouveau responsable est l'objet de la contestation et de la résistance au changement. L'accusation collective d'autoritarisme managérial masque une conquête individuelle du pouvoir et une relation pervertie au pouvoir, comme la décrit le Conseil économique et social.

Exemple : Dysfonctionnements dans le monde associatif

Un directeur général est recruté par un chasseur de têtes pour assurer la gouvernance d'une organisation humanitaire. Les dysfonctionnements internes de l'organisation ont motivé le choix d'un recrutement externe. Le nouveau directeur général remplace une personne ayant occupé le poste pendant trois ans, qui est parti à cause de la situation conflictuelle. Au cours de son mandat, ce directeur avait laissé le pouvoir aux différents directeurs de département (communication, direction financière, etc.) qui régnaient en maîtres dans leurs services respectifs. La nomination du nouveau directeur général remet en question l'organisation du travail et la répartition du pouvoir. Très vite, la résistance et l'opposition s'organisent contre le nouveau directeur général et la fronde est orchestrée par les directeurs de département, qui ont déjà réussi à faire partir trois directeurs généraux :

- un premier DG est licencié après un an d'exercice et accusé d'être trop autoritaire et trop rigide ;
- le DG suivant fut accusé d'être laxiste, incompétent ;
- le DG actuel est accusé d'autoritarisme car il veut exercer la direction générale, conformément à son profil de poste et à son contrat de travail.

Combien faudra-t-il user de directeurs généraux avant que l'association accepte :

- d'identifier le problème du pouvoir en interne ?
- d'interroger les dérives d'abus de pouvoir et de défense des intérêts individuels ?

> Cet exemple illustre l'ampleur du harcèlement dans le monde associatif qui appelle a) des mesures de bonne gouvernance et de professionnalisme à la place du bénévolat et de la bonne volonté, où le pseudo-altruisme masque de terribles abus de pouvoir et b) une réflexion sur l'omnipotence, la toute-puissance et le refus immature de toute autorité, direction, cadrage institutionnel, sous couvert d'engagement humanitaire, collégial, associatif, véritable masque de modes de management antidémocratique : despotique, patriarcal, machiste.

L'autoritarisme est invoqué dans des formes différentes de harcèlement (vertical descendant ou ascendant), dans des types collectifs ou individuels de harcèlement, dans des secteurs professionnels où les modes de management sont radicalement opposés (productiviste, directif, collégial, associatif, etc.). Les conceptions de l'autorité sont divergentes selon les individus concernés : certains salariés sont allergiques à toute autorité et accusent tout manager d'autoritarisme ; d'autres sont despotiques et refusent tout obstacle à l'exercice de leur toute-puissance. Selon le secteur professionnel, les salariés présentent des attitudes opposées à l'égard de l'autorité, des idéologies divergentes (anarchiste, autogestionnaire, militariste, répressive) mais la relation au pouvoir est toujours plus ou moins pervertie dans la pratique. Les pratiques sont souvent en totale contradiction avec les discours.

Harcèlement groupal

Plusieurs raisons motivent le harcèlement horizontal entre collègues, dont l'inimitié entre collègues :

- un groupe s'efforce de contraindre un individu réticent à se conformer aux normes fixées par la majorité ;
- un ou plusieurs individus choisissent comme cible une personne en situation de faiblesse pour donner libre cours à leur goût de la dérision ou à leur agressivité latente ;
- l'agression est déclenchée par la différence de la victime (sexe, nationalité, religion, apparence physique) ;

– l'agression est le résultat d'une inimitié personnelle ou d'une insatisfaction.

Ces différents mobiles à l'origine du harcèlement entre collègues révèlent l'existence de raisons collectives motivant les collègues à participer à des actions négatives et mettent l'accent sur la fonction défensive d'un groupe contre un autre groupe. Les collègues s'allient en formant une coalition de harceleurs contre un groupe de cibles, une telle coalition visant l'exclusion. Ce type de fonctionnement groupal repose sur le postulat selon lequel « *tout individu qui n'est pas avec nous est contre nous. Toute personne en désaccord avec notre groupe doit être attaqué* ». L'agression est à la mesure du vécu psychologique de persécution des agresseurs. Les harceleurs persécutent car ils se sentent persécutés. Dans ce type de harcèlement horizontal, la persécution groupale pathologique prédomine sur l'inimitié entre deux personnes et ne peut être stoppée que par un tiers qui rappelle la loi condamnant les agissements hostiles au travail. Le harcèlement groupal est la partie émergée d'un dysfonctionnement institutionnel en matière de management et d'exercice du pouvoir.

À l'école

Le harcèlement vertical ascendant domine à l'Éducation nationale, où les élèves harcèlent les enseignants.

Une vaste enquête[1] a été effectuée à l'aide de questionnaires complétés par des personnels de l'Éducation nationale consultant soit dans un centre médical (82 %), soit dans un centre de santé mentale (16 %) de la Mutuelle Générale de l'Éducation Nationale.

En moyenne, 15,3 % du personnel éducatif souffre de harcèlement moral :

– 13,3 % des consultants d'un centre médical ;
– 26,2 % des consultants d'un centre de santé mentale.

---

1. Rapport de la MGEN, *Les pratiques de harcèlement en milieu éducatif*, décembre 1998.

Un personnel éducatif sur quatre consultant un centre de santé mentale et un personnel sur huit consultant un centre médical se déclarent victimes d'agissements hostiles.

Les enseignants, cibles principales

Les cibles de harcèlement dans le milieu éducatif sont enseignants dans 73 % des cas.

Le personnel non enseignant, administratif et technique est peu cible de harcèlement (8,4 % et 5 % respectivement).

Les élèves, seuls agresseurs ?

Les enseignants sont harcelés par les élèves (31 %) et les subordonnés (30 %).

La direction est harcelée essentiellement par les parents d'élèves (26 %).

Le personnel administratif est harcelé par les supérieurs hiérarchiques (21 %).

Le collège, lieu prédominant du harcèlement

Le collège apparaît comme le lieu d'exercice de harcèlement prédominant, où les agissements hostiles sont principalement des menaces et des agressions. Les victimes de harcèlement travaillent majoritairement dans les collèges (39,5 %), le primaire et les lycées (16 %), les lycées professionnels (12 %), l'enseignement supérieur (6 %) et enfin l'éducation spécialisée (3 %).

À noter

Philippe Arquès[1], auteur du livre *Le harcèlement moral dans l'enseignement*, dénonce le non-sens du harcèlement dans l'Éducation nationale puisque l'enseignement a la mission de conduire l'élève à l'autonomie intellectuelle. Il montre comment certaines pratiques sont d'autant plus

---

1. ARQUÈS P., *Le harcèlement dans l'enseignement, causes, conséquences, solutions*, L'Harmattan, 2003.

dévastatrices, humiliantes, manipulatrices qu'elles sont inattendues dans le contexte de l'enseignement supérieur, composé d'intelligences éclairées et humanistes.

Types collectifs et individuels de harcèlement

Le harcèlement ne se résume pas à sa forme la plus célèbre du harcèlement individuel opéré par un pervers narcissique qui piège une cible dans sa toile séductrice et destructrice. En effet, le harcèlement présente de nombreux types : il peut être individuel ou collectif, avec une finalité organisationnelle, institutionnelle, groupale, professionnelle, stratégique, etc.

Les trois cas ci-dessous illustrent trois types différents de harcèlement. Selon vous, qu'est-ce qui différencie les trois situations ?

1. Un groupe industriel se restructure. Chaque équipe est informée du nombre de personnes excédentaires. Le personnel se trouve en situation de devoir ruminer l'information pendant six mois. L'ambiance se dégrade de mois en mois. Les conflits entre les salariés s'amplifient. Une méfiance générale sévit. Les paris vont bon train. La règle mise en œuvre ressemble à celle de l'élimination des candidats dans les jeux de télé-réalité. Les pressions individualisées peuvent aller jusqu'à la persécution. Les alliances se créent et se défont ; les trahisons engendrent des déceptions. Très peu de solidarité se développe entre collègues. Le « sauve-qui-peut » domine. Le vieux système consistant à diviser pour régner a joué son rôle de déstabilisation individuelle et institutionnelle.

2. Depuis le changement de direction, Steeve subit un enfer quotidien. Il est privé de toute responsabilité, la mention de sous-directeur a été supprimée de son bulletin de salaire, il n'a pas eu d'augmentation de salaire alors que ses collègues ont été augmentés. Les heures supplémentaires ne lui ont pas été payées. Il est de garde les jours fériés de manière systématique. Ce qui le fait le plus souffrir, ce sont les injures verbales du genre « *fainéant* », « *tire-au-flanc* », etc. En fait, tout est fait pour qu'il démissionne et qu'il n'ait pas les indemnités de licenciement. Il a

perdu toute confiance en lui, et il se déteste. Sa vie n'a plus de sens. Il dit être triste, apathique, dépressif ; sa femme et ses enfants souffrent de le voir ainsi. Pourtant, il connaît la finalité des agissements hostiles dont il est la cible, à savoir le pousser à démissionner.

3. Patrick travaille dans une petite structure depuis un an, où tout allait bien jusqu'au jour où la directrice générale a recruté une nouvelle collaboratrice. Depuis ce jour, tout s'est dégradé. Sa responsable lui attribue tous les défauts du monde : *il ne travaille pas assez vite, il ne respecte pas les procédures*. Elle lui attribue toutes les erreurs, tous les problèmes alors qu'elle sait que certaines fautes sont commises par la nouvelle collaboratrice. Il est mis à l'écart de toute responsabilité administrative mais il doit effectuer des tâches administratives ingrates comme ranger les dossiers, classer des factures, alors qu'il ne devrait faire que de l'exploitation. Elle lui reproche de consommer trop d'électricité car il allume la lumière. Il entend des remarques sur son parcours professionnel « *de fumiste, d'instable, d'amateur* ». Elle laisse entendre qu'elle cherche quelqu'un pour le remplacer. Elle enfume son bureau alors qu'il n'est pas fumeur.

Ces trois témoignages illustrent les trois types de harcèlement décrits par la commission consultative des droits de l'homme et de la direction des relations du travail :

1. le harcèlement institutionnel participe d'une stratégie de gestion de l'ensemble du personnel ;

2. le harcèlement professionnel est organisé à l'encontre d'un ou plusieurs salariés, précisément désignés et il est destiné à contourner les procédures légales de licenciement ;

3. le harcèlement individuel est pratiqué dans un but purement gratuit de destruction d'autrui et de valorisation de son propre pouvoir.

Cette classification distingue un type individuel de harcèlement des deux types collectifs de harcèlement : le type institutionnel et le type professionnel.

À présent vous pouvez identifier le type de harcèlement dont vous êtes cible, acteur ou témoin. Repérez si le harcèlement que vous vivez, agissez ou observez, ressemble plutôt au cas 1, 2 ou 3.

Le harcèlement est souvent mixte : individuel et collectif

À terme, le harcèlement est mixte, c'est-à-dire qu'il associe le harcèlement individuel avec un type collectif. Le harcèlement individuel ne peut se déployer que dans un contexte institutionnel qui permet la répétition sur la durée des agissements hostiles. Le harcèlement évolue au fil du temps. Plus la durée du harcèlement se prolonge, plus les types de harcèlement s'entremêlent.

Le caractère mixte du harcèlement conclut l'enquête menée par les médecins du travail du centre de la France car le harcèlement individuel s'élève à 60 %, le harcèlement institutionnel à 45 % et le harcèlement stratégique à 50 %[1].

Derrière tout harcèlement, il faut chercher à préciser :

- qui a initié le processus, qui a décidé la mise en œuvre des agissements hostiles, qui est donneur d'ordre ;

- qui exécute, qui se soumet ;

- à qui profite l'éviction de la cible.

Questionnaire 5 : De quel type de harcèlement s'agit-il ?

Ce questionnaire permet d'identifier la cause du harcèlement dont vous êtes cible, acteur ou témoin.

---

1. BAUGÉ J. et coll., « Harcèlement au travail : étude des cas rencontrés en service interentreprises et du devenir de ces salariés un an après la dernière consultation », *Archives des maladies professionnelles et de l'environnement*, 65, 2004.

La cible est victime	NON	OUI
A – d'une restructuration		
B – d'un plan de licenciement masqué		
C – d'une décision stratégique		
D – d'un harceleur individuel		
E – d'un groupe de harceleurs		

Les réponses A, B et C décrivent un type organisationnel de harcèlement : stratégique ou institutionnel.
La réponse D indique un type de harcèlement individuel.
La réponse E décrit un harcèlement groupal.

Attaquer le travail et l'identité professionnelle de la cible

Dans le harcèlement organisationnel, le travail est attaqué et détourné de sa finalité et les répercussions sur l'individu surviennent dans un deuxième temps, principalement par une altération de l'identité professionnelle et de l'estime de soi.

Le harcèlement organisationnel ou stratégique met l'accent sur la dimension économique du travail et place en deuxième position la dimension individuelle, psychologique et identitaire du harcèlement individuel.

Debout, coordinateur du rapport du Conseil économique et social sur le harcèlement moral au travail, propose une définition du harcèlement qui privilégie cette approche psychosociale du harcèlement comme une « *souffrance infligée sur le lieu de travail de façon durable, répétitive et/ou systématique par une ou plusieurs personnes à une autre, par tous les moyens relatifs aux relations, à l'organisation, aux contenus et aux conditions de travail en les détournant de leur finalité, manifestant ainsi une intention consciente ou inconsciente de nuire, voire de détruire*[1]. »

---

1. DEBOUT M., *op. cit.*

Une stratégie d'entreprise

Certaines entreprises utilisent des stratégies pour « *éreinter* » certains salariés, les pousser à partir ou leur faire commettre des fautes. Dans ce cas, le harcèlement sert une stratégie d'entreprise élaborée consciemment : « *La tête de groupe ordonne à ses directeurs régionaux de durcir leurs positions et de " séparer le bon grain de l'ivraie "… La stratégie de l'entreprise a décidé du nombre de salariés condamnés au licenciement et la consigne est donnée de sélectionner les salariés en partance. Les harceleurs remplissent une tâche et obéissent à une stratégie définie en haut lieu*[1]. »

Le harcèlement : une mise à mort programmée

Certaines entreprises élaborent des stratégies de mise à mort programmée qui sont délibérées et d'autant plus efficaces que les cibles du harcèlement sont isolées, coupées de leur collectif professionnel et renvoyées à une responsabilité personnelle qui les enferme dans une culpabilité aggravante. Le harcèlement professionnel apparaît d'une hypocrisie aussi insoutenable que la soit-disant *guerre propre*. Quand sévit une hiérarchie corrompue ou incompétente, quand menace un plan social rampant, le harcèlement moral au travail peut être mis en scène avec une perversité calculée et raffinée par des responsables et des dirigeants pour se débarrasser de cadres trop compétents, trop brillants, trop bien payés et difficiles à licencier. En France, les plans sociaux ont augmenté de 20 % en 2003 par rapport à 2002[2]. Le harcèlement s'inscrit dans un contexte professionnel et une réalité sociale où le malaise au travail est massif. Toutefois, le harcèlement est parfois utilisé à tort comme un mode de management, pour stimuler l'émulation entre salariés ou les soumettre en divisant pour régner, en distillant la peur du licenciement, etc. Or, ce mode de management s'avère tout à fait antiproductif.

---

1. DEBOUT M., *op. cit.*
2. Direction de l'animation de la recherche des études et des statistiques (DARES), *Management*, 106, 2004.

Cas du harcèlement dans des entreprises saines économiquement

Le harcèlement peut se produire dans des entreprises économiquement saines. L'enquête en région Provence-Alpes-Côte d'Azur révèle que « *les situations de harcèlement sont décrites le plus souvent dans des entreprises déclarées économiquement saines par le médecin du travail : 80,16 % des cas. La majorité d'entre elles (69,7 %) ne semble pas connaître d'instabilité sociale ou organisationnelle. Ce qui donne à penser que le harcèlement se produit sans raison majeure, sans rapport avec une quelconque nécessité de mettre la pression. Tout se passe comme si le harcèlement était devenu une technique ordinaire de management*[1] ».

Le harcèlement est le résultat de certaines techniques de management créant un climat d'injustice propice aux agissements hostiles, stimulant les rivalités, tolérant des attitudes inhumaines et produisant une rupture éthique envers la valeur travail.

Dissimuler les coulisses de l'organisation du travail

L'organisation bureaucratique favorise le harcèlement. En effet, certains traitements bureaucratiques peuvent mettre en danger la santé mentale des personnes : cependant, dans ce cas, l'intention de nuire n'est pas délibérée ni réservée à une cible ou quelques cibles. En revanche, les comportements tyranniques dans les organisations très bureaucratisées sont systématiques, même s'ils sont effectués sans mauvaises intentions.

Le harcèlement organisationnel dissimule les coulisses de l'organisation du travail et les conséquences du management dans sa dimension collective.

Le caractère organisationnel et groupal de certains processus de harcèlement exige une analyse institutionnelle et groupale et non des diagnostics psychiatriques en termes de personnalités perverses ou narcissiques, etc.

---

1. CHIARONI J., *op. cit.*

Prédominance d'un type de harcèlement : des statistiques contradictoires

Les statistiques sur la fréquence du harcèlement individuel ou institutionnel sont contradictoires. Certaines enquêtes observent une prédominance du harcèlement individuel, tandis que d'autres études observent une combinaison des types, individuel et collectif, de harcèlement.

Prédominance du harcèlement individuel

Le harcèlement individuel est plus fréquent que le harcèlement collectif dans l'enquête menée auprès de 72 victimes de harcèlement du service de maladies professionnelles à Garches, Cochin et Créteil[1]. Le harcèlement individuel touche 54 % des victimes contre 46 % pour une forme de harcèlement collectif.

Le harcèlement collectif comporte le harcèlement :

— stratégique dans 23,5 % des cas ;

— institutionnel dans 15,5 % des cas ;

— transversal dans 7 % des cas.

Il faut nuancer ces chiffres car la population de l'enquête est un petit échantillon de 126 patients en souffrance qui consultent un service de médecine du travail et de maladies professionnelles.

Du harcèlement individuel au harcèlement mixte

Les statistiques montrent que le harcèlement est souvent mixte, impliquant à la fois des individus et des organisations.

Les médecins du travail du centre de la France[2] observent que le harcèlement est souvent d'origine mixte car il est *individuel pervers*

---

1. BENSEFA L. et coll., « Harcèlement moral et pronostic professionnel chez 126 patients d'une consultation de pathologie professionnelle », *Archives des maladies professionnelles et de l'environnement*, 65, 2004.
2. BAUGÉ J. et coll., *op. cit.*

dans 60 % des cas, *institutionnel* dans 45 % des cas et *stratégique* dans 50 % des cas.

Le harcèlement n'est jamais exclusivement individuel car pour qu'un harceleur sévisse, il faut que l'entourage professionnel ou que les responsables hiérarchiques le tolèrent, le permettent ou l'organisent. En effet, les harceleurs pervers ne peuvent agresser que si le cadre organisationnel leur permet de poursuivre en toute impunité leurs agissements hostiles. Certains contextes professionnels exigent des salariés de devenir auteurs d'agissements hostiles ou utilisent des tendances manipulatrices potentielles chez certains collaborateurs.

Une solution pour chaque type de harcèlement

Les mesures à mettre en place pour élaborer une prévention ou faire stopper les agissements hostiles sont différentes selon la forme du harcèlement (horizontale ou verticale) et selon le type du harcèlement (individuel ou organisationnel). C'est pour cela qu'il est essentiel de désigner clairement le phénomène afin d'apporter une réponse adaptée et spécifique. Le remède dépend de la cause et de son contexte de production. Faut il soigner les symptômes ou traiter le contexte propice à leur production ? Faut-il annuler la cause de la souffrance au travail ou soigner inlassablement les conséquences psychologiques du contexte professionnel pathogène ? L'ampleur du harcèlement collectif appelle des réponses organisationnelles, collectives, européennes, nationales, juridiques.

La violence au travail dans le monde

Le rapport du Bureau international du travail sur la violence au travail synthétise plusieurs travaux nationaux et conclut que la violence au travail touche la moitié des professionnels à l'échelle mondiale. La violence au travail peut être physique, psychologique ou sexuelle.

Score record de la France

Le Bureau international du travail a tiré la sonnette d'alarme sur le malaise au travail en France. En effet, les employés français sont les salariés les plus nombreux à être victimes de violence sur leur lieu de travail. : 11 % des hommes et 9 % des femmes déclarent avoir été agressés. Les enquêtes internationales sur la violence au travail observent que « *la France, l'Argentine, le Canada et l'Angleterre sont les pays où la fréquence des agressions et des cas de harcèlement moral sur le lieu de travail est la plus élevée[1]* ». La France détient aussi le triste record des femmes harcelées sexuellement : 19,8 %. Nombreux sont les professionnels qui travaillent dans des contextes qui tolèrent des attitudes agressives et cultivent l'indifférence aux dimensions humaines ou relationnelles du travail et à la souffrance de nombreux salariés ou agents.

10 % des actifs touchés en Europe

L'enquête réalisée par l'Union européenne[2] révèle l'ampleur de la violence physique, psychologique et sexuelle : 4 % des actifs, soit 6 millions de personnes, avaient été soumis à des violences physiques au cours de l'année précédente ; 2 % soit 3 millions de salariés avaient été victimes de harcèlement sexuel ; 9 % soit 13 millions d'actifs avaient subi des actes d'intimidation et des brimades.

Les statistiques européennes[3] montrent une augmentation du harcèlement entre 1996 et 2000 :

– en 1996, 9 % de femmes et 7 % d'hommes sont cibles d'intimidations ;

---

1. Bureau international du travail, rapport sur la santé mentale au travail en Allemagne, aux États-Unis, Finlande, Pologne, Royaume-Uni, le coût du stress professionnel augmente et la dépression est une pathologie de plus en plus courante, octobre 2000.
2. Fondation européenne pour l'amélioration des conditions de vie et de travail. *www.eurofound.eu.int*
3. *Ibid.*

– en 2000, 11 % de femmes et 8 % d'hommes sont cibles d'intimidations.

La Fondation européenne sur les conditions de travail constate que « la violence au travail reste un problème majeur et il est particulièrement préoccupant que l'intimidation (harcèlement moral) au travail augmente régulièrement[1]. »

Le harcèlement est moins fréquent en France (10,4 %) qu'au Royaume-Uni (13,7 %) mais il est plus élevé en France qu'en Espagne (5 %), en Grèce (5,2 %), en Italie (3,5 %), pays européens où il fait encore bon travailler.

Fréquence du harcèlement en France

Les résultats des enquêtes françaises montrent des statistiques contradictoires allant de 10 % à 86 % pour des salariés consultant un service de médecine du travail et de maladies professionnelles en France.

La fréquence du harcèlement varie selon les régions, selon les enquêtes et surtout, selon les critères retenus pour évaluer cette fréquence.

Plus les critères sont subjectifs ou intuitifs, plus la fréquence est élevée.

Plus les critères sont objectifs et quantitatifs, plus la fréquence passe sous la barre des 10 %.

Plusieurs sondages mettent en évidence un plancher de 10 % de salariés concernés par le harcèlement moral au travail.

10 % d'actifs touchés

Plusieurs enquêtes mettent en évidence la réalité du phénomène de harcèlement pour 10 % des salariés français.

---

1. Fondation européenne pour l'amélioration des conditions de vie et de travail. *www.eurofound.eu.int*

– la fréquence du harcèlement est de 8,4 %, en région Provence-Alpes-Côte d'Azur[1] ;

– 8,5 % des cas de harcèlement moral au travail sont observés dans l'enquête menée au service de médecine du travail et la consultation de pathologie professionnelle du CHU de Bordeaux contre 40 % de cas de conflit, 30 % de fragilité psychologique initiale, 30 % de souffrance due au mode de management. Le harcèlement n'est pas la seule raison de la souffrance morale au travail. Par contre, le conflit professionnel et le mode de mangement semblent concerner un nombre très élevé de salariés ou d'agents[2] ;

– 9,9 % de salariés sont victimes de violence psychologique, en France, d'après une enquête menée par la Fondation européenne pour l'amélioration des conditions de travail en 1996 ;

– 9 à 10 % est le pourcentage de cibles de harcèlement, d'après l'enquête de M.-F. Hirigoyen[3] ;

– une fréquence de 9,6 % est observée sur la base d'un questionnaire dans l'enquête du docteur Seiler-Van Daal[4] ;

– en Île-de-France, la fréquence est de 15 %[5]. Les médecins du travail surveillant 357 596 salariés de petites et moyennes entreprises d'Île-de-France[6] ont observé 552 nouveaux cas de harcèlement moral, soit 15 % de cas.

---

1. Chiaroni J., Chiaroni P., « Données épidémiologiques des situations de *mobbing* au travail d'après une enquête effectuée auprès des médecins du travail en région PACA : un profil type du salarié harcelé ? », *Archives des maladies professionnelles et de l'environnement*, 62, 2001.
2. Gréard N. et coll., « Le harcèlement moral au travail », *Annales médico-psychologiques,* 162, 2004.
3. Hirigoyen M.-F., *Le harcèlement moral dans la vie professionnelle, démêler le vrai du faux*, Pocket, 2002.
4. Dr B. Seiler-Van Daal, *op.cit.*
5. Hays G. et coll., « Évaluation de l'incidence annuelle des cas probables de harcèlement moral au sein de petites et moyennes entreprises (PME) de l'Île-de-France », *Archives des maladies professionnelles et de l'environnement*, 65, 2 & 3, 2004.
6. *Ibid.*

Ces différentes enquêtes s'accordent sur un plancher inférieur de 10 % d'actifs harcelés en France.

À noter

Quelques enquêtes relèvent une fréquence égale ou supérieure à 20 % de salariés harcelés :
– le sondage publié dans le journal *Rebondir* affiche 30 % de personnes ayant le sentiment d'être harcelées sur leur lieu de travail et 37 % de personnes ayant été témoins du harcèlement de l'un de leurs collègues de travail ;
– le harcèlement concerne 86 % des patients d'une consultation de maladies professionnelles[1]. Les 14 % non harcelés souffrent de conflits ou de surcharge au travail. Le harcèlement est diagnostiqué en référence aux critères retenus par la loi de modernisation sociale : des agissements hostiles visant à dégrader les conditions humaines, relationnelles, ou matérielles du travail, la répétition dans le temps de ces agissements, et la présence de conséquences liées à ces agissements. Ce pourcentage est très élevé car les salariés interviewés consultent un service de maladies professionnelles sur la demande de leur médecin traitant et constituent donc un échantillon de patients en souffrance qui n'est pas représentatif de la population active générale.

Différences suivant le secteur d'activité

Le harcèlement sévit différemment selon le secteur d'activité, le secteur public, privé ou associatif, la représentation masculine ou féminine, etc. Les agissements hostiles sont plus ou moins fréquents et durables dans le secteur public ou dans le privé.

Dans le secteur public

En Europe[2], l'administration publique est le secteur le plus exposé au harcèlement moral. En effet, il touche 14 % des fonctionnaires alors qu'il atteint 9 % du total des salariés.

---

1. BENSEFA L. et coll., *op. cit.*
2. Fondation européenne pour l'amélioration des conditions de vie et de travail. *www.eurofound.eu.int*

En France, plusieurs enquêtes montrent que le harcèlement touche plus les salariés du public :

- la fréquence du harcèlement est de 14,5 % dans le public et 8 % dans le privé selon l'enquête menée par les médecins du travail en région Provence-Alpes-Côte d'Azur[1] ;

- l'enquête de Rouen[2] observe 54,5 % des cas de harcèlement dans le secteur public contre 45,7 % dans le secteur privé. Cette surreprésentation du harcèlement dans le secteur public est amplifiée si l'on compare le nombre d'emplois concernés par chaque secteur. Paradoxalement, le harcèlement domine dans les secteurs professionnels où les salariés ou les agents sont protégés.

- l'enquête de M.-F. Hirigoyen observe une évaluation équivalente du harcèlement dans le secteur public (50 %) et le secteur privé (50 %). Le harcèlement moral est plus fréquent dans le secteur public car la répartition de la population est inégale dans le privé et le public, puisque l'État gère un actif sur quatre.

Dans le secteur privé

Les harcelés appartiennent majoritairement au secteur privé (74,8 %), d'après l'enquête menée auprès de patients consultant un service de maladies professionnelles à Garches, Cochin et Créteil[3].

Toutefois, l'échantillon de cette enquête n'est pas représentatif de la population active française. Le harcèlement est plus fréquent dans le secteur public pour certaines enquêtes tandis que d'autres sondages observent que le harcèlement est plus élevé dans le secteur privé.

Secteurs professionnels surreprésentés

Les secteurs professionnels surreprésentés dans les enquêtes sur le harcèlement moral au travail sont les secteurs d'activité administrative, éducative, médicale et commerciale.

---

1. CHIARONI J., CHIARONI P., *op. cit.*
2. VIAUX J.-L., BERNAUD J.-L., *op. cit.*
3. BENSEFA L. et coll., *op. cit.*

L'enquête de Rouen[1] observe en tête le secteur public dont les services administratifs, souvent les mairies (25 %), puis les institutions de santé (hôpitaux et cliniques), qui représentent 16 % du total, les services éducatifs (10,5 %), les associations d'aide humanitaire (9,5 %).

Dans le monde de l'entreprise, les services viennent également en tête avec 20 %, contre 11,4 % pour les structures industrielles. Paradoxalement, les institutions censées aider, soigner, rendre service sont celles où les pratiques harcelantes sont les plus fréquentes. La raison invoquée est que le harcèlement est plus fréquent dans les organisations présentant une centration interne telles que les administrations, les établissements médicaux et sociaux.

Les secteurs de harcèlement dans le privé sont les PME, le travail en famille, la grande distribution alors que dans le public, ce sont la fonction territoriale, le secteur médico-social, l'enseignement, la recherche qui sont les secteurs les plus touchés par le harcèlement moral.

La fonction publique territoriale

Les communes, les départements et les régions voient régulièrement arriver de nouveaux élus à des postes pour lesquels ils n'ont pas les compétences. Certains élus tentent de masquer leur incompétence en s'appropriant le travail des cadres en place. Si le fonctionnaire se montre très sûr de lui, l'élu risque d'en prendre ombrage. De plus, il arrive que le fonctionnaire ait travaillé avant, en harmonie avec une équipe compétente, d'une autre couleur politique. L'enquête de Garches, Cochin et Créteil observe une légère prédominance de la fonction publique territoriale dans le secteur public.

---

1. VIAUX J.-L., BERNAUD J.-L., « Le harcèlement psychologique au travail : une recherche nationale auprès des victimes », *Pratiques psychologiques*, 4, 57-69, 2001.

Le secteur médico-social

Le personnel médical est confronté à la souffrance, la mort et la maladie. Les hôpitaux sont très hiérarchisés, les médecins ne sont pas sous l'autorité des directeurs des hôpitaux, les dysfonctionnements de service restent sans médiation.

La recherche

Les procédés de harcèlement dans les milieux de la recherche sont très peu dénoncés. Dans les services de recherche, les places sont chères, les luttes sont féroces, les rivalités sanglantes. Seul le meilleur ou le plus chanceux arrivera à la notoriété. Celui qui réussit regarde les autres de haut tandis que ceux qui restent derrière accumulent jalousie et rancune. Pour ne pas se laisser distancer, un chercheur peut s'approprier les idées des autres : il pillera leurs écrits, il reprendra les idées de son collègue, il publiera avant le collègue rival.

Des disparités dans un même secteur professionnel

En région Provence-Alpes-Côte d'Azur, trois secteurs professionnels concentrent 70 % des cas : le commerce et l'hôtellerie (33,4 %), les activités de services (31,78 %) et le secteur social et la santé (14,5 %). Toutefois, à l'intérieur d'un secteur professionnel, certaines activités semblent très touchées par le harcèlement alors que d'autres sont épargnées par le phénomène. Ainsi, dans le secteur du bâtiment dans la région de Marseille, les ouvriers sont peu touchés, contrairement au personnel administratif et commercial travaillant dans les bureaux.

À noter

L'hôpital est un lieu privilégié de harcèlement moral, entraînant le malaise des hospitaliers et des usagers. L'organisation de l'hôpital est génératrice de multiples conflits[1] :

– conflit de **pouvoir** entre l'administration et les personnels, médical et paramédical ;

---

1. SOLIGNAC M., « Le harcèlement moral à l'hôpital », *La presse médicale*, 31, 2002.

- conflit de **territoire** entre les différentes disciplines médicales ;
- conflit **idéologique** entre médecine individualiste et médecine humaine ;
- conflit entre médecine **curative** et médecine **préventive** ;
- conflits **budgétaires** ;
- conflit d'organisation des services, à l'avantage des pathologies **aiguës** sur les pathologies **chroniques**.

Tous ces conflits sont nés du fonctionnement de l'institution hospitalière elle-même en matière de relations de pouvoir créées entre les différents types de soignants : entre les relations humaines liées à la fonction de soignant et le projet conventionnel d'établissement, le pouvoir décisionnaire de l'institution hospitalière sur les soignants et les soignés, les tensions liées à la surcharge de travail et aux responsabilités dont les internes sont les principales victimes, les méfaits de l'individualisme et/ou du manque de solidarité entre les équipes de soins. Le harcèlement peut provenir également de l'extérieur, c'est-à-dire d'agressions de la part des familles des patients.

Dans le secteur associatif

Le harcèlement dans le milieu associatif est étonnamment fréquent mais très instructif sur le rôle essentiel du pouvoir dans le harcèlement.

Le pourcentage du harcèlement dans le milieu associatif est de 16,5 % dans l'enquête du docteur Seiler, 16,5 % dans l'étude de Garches, Cochin et Créteil et 9,5 % dans l'enquête de Rouen.

L'ampleur du harcèlement dans le secteur associatif est surprenante dans la mesure où les pressions économiques n'ont pas cours et que les règles de production et de rentabilité y sont absentes. En revanche, le milieu associatif semble exacerber l'inflation des *ego* individuels et connaître des situations de népotisme, individuel, local ou régional. Le harcèlement dans le secteur associatif illustre la lutte pour le pouvoir, la gratification en termes de pouvoir des activités bénévoles et la notion de pseudo-altruisme.

Dans les associations, le mélange d'*ego* associé au pouvoir s'épanouit parfois dans la perversité. Une présidente d'association humanitaire où travaillent des salariés et des bénévoles et où les rivalités de pouvoir produisent des passages à l'acte récurrents formule souvent cette remarque : « *On se paie en euros ou en ego.* » Toutefois, la rémunération en euros n'empêche pas la quête narcissique, mais l'absence de rémunération financière appelle et encourage les rivalités sur le terrain narcissique.

Durée moyenne du harcèlement

La durée moyenne du harcèlement en France oscille entre 19 mois et 40 mois.

- 19 mois est la durée moyenne observée chez les 126 patients consultant un service de maladies professionnelles à Garches, Cochin et Créteil. Dans 61,5 % des cas, le salarié est exposé depuis plus d'un an à un harceleur et depuis plus de deux ans dans 30,4 %. Une part faible (12,8 %) était victime de harcèlement depuis moins de six mois. Ce n'est qu'au terme de cette période que le salarié se décide à consulter.

- 27 mois est la durée moyenne en Franche-Comté[1] et en Alsace, selon l'enquête menée par le docteur Seiler-Van Daal avec l'association *Mots pour maux* auprès de 36 médecins du travail d'Alsace.

- 40 mois est la durée moyenne du harcèlement dans l'enquête menée par M.-F. Hirigoyen auprès de personnes se déclarant harcelées.

À noter

Les cibles de harcèlement ne sont pas l'objet de conflit ponctuel mais sont des cibles d'une procédure systématique et prolongée. Les données sur la durée moyenne du harcèlement varient entre 15 mois et 3 ans en fonction de la population interrogée.

---

1. EGRETEAU F., MARGUET G., « Souffrance mentale au travail en Franche-Comté », *Archives des maladies professionnelles et de l'environnement*, 63, 2002.

Le harcèlement : un processus prolongé

Les statistiques sur la durée du harcèlement montrent qu'il s'agit d'un processus persistant et durable. Le harcèlement dure plus d'un an dans 50 % des cas d'après l'enquête bretonne : 17 % de 1 à 2 ans, 26 % de 2 à 10 ans, 7 % plus de 10 ans. Le harcèlement se produit tous les jours ou plusieurs fois par semaine, trois fois sur quatre.

L'enquête en région Provence-Alpes-Côte d'Azur observe que 85,5 des cas ont duré trois ans au maximum. Le harcèlement dure moins d'un an dans 14,5 % des cas et plus d'un an dans 85,5 % des cas, d'après l'enquête de M.-F. Hirigoyen.

Une fréquence aggravée dans le secteur public

Dans le public, le harcèlement peut durer des années, contrairement au privé où le harcèlement dure moins d'un an. En effet, pour changer d'emploi dans la fonction publique, il faut obtenir une mutation, ce qui est très difficile. Les cibles et leurs agresseurs sont condamnés à une vie commune prolongée car la mobilité est difficile. Non seulement le harcèlement dure plus longtemps dans le public, mais il est également plus fréquent. En conséquence, le harcèlement dans le secteur public cumule deux facteurs aggravants : la fréquence et la durée.

———————————— **En résumé** ————————————

Le harcèlement peut prendre des formes différentes : il peut être vertical, horizontal, ou mixte ; il peut être individuel ou collectif. Le harcèlement est plus souvent collectif qu'individuel. Le harcèlement collectif peut être institutionnel, organisationnel, stratégique, transversal. Il sévit plus dans certains secteurs professionnels : le public est plus touché que le privé ; les secteurs éducatif, associatif, médical, sportif, politique, commercial, administratif sont surreprésentés. Malgré l'hétérogénéité des statistiques, un plancher de 10 % de salariés est impliqué dans un processus de harcèlement dont la durée est élevée. Le harcèlement est un phénomène réel et durable, dont les conséquences économiques, psychologiques et humaines sont coûteuses pour tous les professionnels au travail. Le harcèlement touche davantage certaines populations travaillant dans des secteurs d'activités professionnelles plus propices au harcèlement. Les femmes sont les cibles privilégiées du harcèlement. Le Bureau international du travail montre que la violence au travail se produit aux quatre coins du monde et que ce problème dépasse le cadre d'un pays, d'un milieu de travail, d'une catégorie socioprofessionnelle. La France occupe le triste record européen de la violence psychologique au travail et du malaise des salariés au travail.

Chapitre 4

Les mécanismes du harcèlement

Le harcèlement est tout sauf un événement occasionnel : au contraire, c'est un phénomène évolutif, qui cause des dégâts de plus en plus graves à des partenaires de plus en plus nombreux. C'est un processus insidieux qui s'amplifie avec le temps, en l'absence de volonté délibérée de l'interdire ou de le stopper. Pour cela, il est impératif de savoir comment ce phénomène s'installe, ce qui se joue à chacune des phases du processus, de façon à en stopper le cours le plus tôt possible, pour empêcher l'instauration d'un fonctionnement pathologique interdisant toute possibilité de retour à des relations de travail acceptables, supportables et productives. Le décryptage des stades de développement du processus est donc une étape essentielle de la prévention du harcèlement. Il ne faut jamais oublier que le harcèlement résulte d'une succession d'actions négatives se produisant sur une certaine durée, dans un contexte professionnel donné. La souffrance des cibles n'est que la partie émergée de l'iceberg et les fondements immergés du harcèlement résident dans les réponses aux questions suivantes : qu'est-ce qui a permis au(x) harceleur(s) de sévir ? Qui a intérêt à laisser le harcèlement perdurer ? Comment l'agresseur peut-il harceler en toute impunité ? Quelle est la permissivité de l'organisation à l'égard des agissements hostiles ?

Le harcèlement : un processus long

Le psychologue suédois Leymann décrit quatre phases dans le phéno-mène de *psychoterreur*, *persécution* ou *mobbing*. Les quatre phases se produisent intégralement dans les cas de harcèlement qui se sont poursuivis jusqu'à la « *liquidation* » de la victime, quand personne n'est intervenu pour faire stopper le harcèlement à temps.

Les responsabilités organisationnelles, hiérarchiques et managériales sont clairement pointées dans l'instauration du *mobbing* et l'évolution d'un conflit en harcèlement.

Les 4 phases du mobbing

Phase 1 : Conflits, attaques, mesquineries, brimades

Le conflit est une manifestation normale des rapports humains au travail, dans la famille ou dans toute autre association. Au travail, les divergences d'opinions, les querelles de compétences, les luttes pour le pouvoir et l'influence sont des phénomènes quotidiens qui présen-tent même un intérêt réel. En effet, certains changements essentiels sont difficilement réalisables sans conflits.

L'issue de certains conflits peut être positive. Seul un petit nombre de conflits dégénère en harcèlement. La seule question à se poser face à un conflit est celle de savoir si on veut le traiter ou le laisser dégé-nérer, si on est prêt à un compromis et si l'on veut vraiment recher-cher les solutions adaptées au problème. Bien que le pourcentage de conflits à l'issue dramatique suicidaire reste faible, le nombre de personnes impliquées et la gravité de la souffrance sont très élevés.

L'activité humaine connaît immanquablement des moments conflic-tuels qui peuvent avoir une issue positive ou négative en fonction de l'attitude évitante ou responsable des managers ou des dirigeants. Le conflit interroge les responsables sur leurs attitudes d'ajustement au stress ou *coping* (voir chapitre 5).

À noter

Le harcèlement se distingue du conflit de travail. Lors d'un conflit, un groupe de collègues ressent collectivement la même violence de la part d'un autre groupe (responsable ou employeur), chaque sujet victime étant solidaire de l'autre et identifiant sa souffrance à celle des autres membres du groupe. La souffrance collective et partagée dans le conflit s'oppose à la désolidarisation des liens sociaux dans le harcèlement.

Phase 2 : Installation du harcèlement ou *mobbing*

Les supérieurs hiérarchiques jouent un rôle central lors de l'installation d'un harcèlement. Or, dans la plupart des cas, la hiérarchie préfère ne rien voir. C'est ainsi que le conflit prend de l'ampleur et dégénère en *mobbing* ou en *psychoterreur*. Cette volonté de ne pas s'en mêler est la cause principale des premières agressions du *mobbing*. Tous ceux qui se veulent spectateurs et prétendent ne pas être acteurs partagent de fait la responsabilité collective du harcèlement, car leur abstention a rendu possible ce dernier.

L'interprétation la plus courante veut que ce soit la victime elle-même qui soit responsable du harcèlement. La cible de harcèlement est alors présentée comme ayant un caractère difficile, avec des traits de personnalité particuliers, différents, marginaux, pathologiques. Ce sont les raisons officielles pour lesquelles elle est rejetée, isolée ou mise au placard par son entourage professionnel. Or il n'existe aucun type spécifique de personnalité ayant vocation à devenir une cible de *mobbing*. En revanche, la phase de *mobbing* a une fonction : elle sert à « préparer » la victime, sa destruction et son éviction.

La seule phase de *mobbing* peut durer deux ans avant que l'employeur ou un syndicat ne s'intéresse au problème, ou même que l'employé ne se trouve exclu définitivement. En conséquence, le temps ne saurait être le prétexte à l'inactivité ou au laisser-faire ayant permis au harcèlement de se déployer. Le *mobbing* résulte toujours de déficiences organisationnelles, de sorte que le manager peut dans tous les cas reprendre en main la situation s'il décide d'intervenir.

Phase 3 : Intervention tardive des directions des ressources humaines

Le problème, pris en compte trop tardivement, peut donner lieu à une confrontation entre les adversaires, où la victime se trouve souvent en position d'accusée. Parfois, les responsables proposent à la cible du harcèlement une autre affectation : ils escamotent ainsi le problème, pensant le régler. La victime découvre son impuissance et ne sait plus quoi faire. Conseiller la cible de manière efficace à cette phase du processus est très difficile, car les seuls conseils efficaces s'adressent davantage aux auteurs des agissements hostiles. Dans certains cas, le licenciement de la cible est envisagé, et l'affaire devient un cas juridique. L'exclusion touche la victime et accorde une totale impunité au(x) harceleur(s).

Phase 4 : Exclusion du marché du travail

Les moyens les plus couramment utilisés afin de mettre fin au *mobbing* sont la mise à l'écart, les transferts successifs, la mise en congé maladie, le suivi psychiatrique, le licenciement avec indemnités ou la mise en invalidité. Ces différents moyens ont le même effet et le même objectif : l'exclusion du travail, qui est souvent synonyme d'exclusion du marché du travail. Tout concourt à ce que le salarié rencontre des difficultés à retrouver un emploi : « *La personne, après avoir été exposée aux agressions du mobbing, à des manipulations juridiques, entre dans la phase d'exclusion où elle n'a plus guère de chances de retrouver un emploi. Ses antécédents sont lisibles d'une manière ou d'une autre dans son curriculum vitae et donnent à celui-ci une connotation négative. Il est difficile à l'intéressé de cacher les traces du traitement qui lui a été imposé et les séquelles psychiques et physiques qu'il en a gardées*[1]. »

L'exclusion du marché du travail ne peut s'expliquer par le simple fait qu'un salarié ait des problèmes psychiques ou des difficultés relationnelles. Une telle exclusion n'est possible qu'avec la connivence de différents partenaires.

---

1. LEYMANN H., *Mobbing, la persécution au travail*, Seuil, 2002.

En effet, l'interruption prématurée de la vie professionnelle résulte d'une convergence d'agressions :

- la victime est déstabilisée par le harcèlement répétitif et durable des collègues ou des supérieurs hiérarchiques ;

- la hiérarchie et la direction adoptent des comportements défavorables pour la victime (déplacements, manipulation des collègues, etc.).

Cette évolution graduée, à l'issue parfois dramatique, allant jusqu'à la tentative de suicide, peut être interrompue par la cible elle-même, qui prend l'initiative de rompre le cercle vicieux du harcèlement en démissionnant. Or, toutes les cibles ne sont pas en mesure de démissionner.

À noter

La démission est certes moins dramatique que certains passages à l'acte suicidaire. Toutefois, il n'est pas toujours possible pour une cible de quitter son emploi. De plus, une telle solution ne s'impose que s'il s'agit vraiment d'un harcèlement. Or, tous les conflits ne dégénèrent pas en harcèlement. La décision à prendre dépend de l'exactitude du diagnostic de la situation en termes de harcèlement. Or, le diagnostic de harcèlement comme cause de souffrance psychique d'une personne est l'objet de statistiques divergentes dans les enquêtes actuellement disponibles.

Conflit ou harcèlement moral ?

Le conflit motive 40 % des consultations, le mode de management 30 % des cas et une fragilité psychologique antérieure 30 % des cas parmi les consultants du service de médecine du travail de Bordeaux[1]. Le diagnostic de harcèlement n'est retenu que pour 8,5 % des consultants.

À l'inverse, le harcèlement est diagnostiqué chez 86 % patients consultant les trois services des maladies professionnelles d'Île-de-

---

1. GRÉARD N. et coll., « Le harcèlement moral au travail », *Annales médico-psychologiques*, 162, 2004.

France[1]. Les autres patients (14 %) sont victimes de conflits ou de surcharge au travail. Le harcèlement apparaît ici comme la cause majeure de la souffrance professionnelle et concerne une très nette majorité de patients en souffrance psychique. Les résultats de cette enquête sont tout à fait contradictoires avec l'enquête précédente. Que pouvons-nous conclure ?

Le pourcentage de 8,5 % de cas de harcèlement observé dans l'enquête de Bordeaux correspond au plancher des 9 % de salariés souffrant de harcèlement moral au travail dans les différents pays européens. Cette concordance de l'évaluation du plancher de 9 % de salariés harcelés en Europe valide la suprématie du conflit observée dans l'enquête de Bordeaux. Le conflit est beaucoup plus souvent la cause de la souffrance au travail que le harcèlement moral. En conséquence, il est essentiel de distinguer conflit et harcèlement au travail. Cette différenciation est très clairement établie dans l'enquête de Bordeaux, où le harcèlement est diagnostiqué lorsque les agissements hostiles sont répétitifs et s'il y a une intentionnalité de nuire. Or dans le conflit il n'y a ni répétition, ni intention de nuire. Les chercheurs précisent que le harcèlement moral au travail est une véritable stratégie de la part de l'agresseur, caractérisée par l'absence d'un conflit *explicite* et par la répétition *dans le temps* de ces agissements hostiles.

La suprématie du nombre de conflits à l'origine de la souffrance psychologique au travail ne doit pas pour autant nous faire sous-estimer la souffrance générée par le harcèlement.

Les médecins et les psychologues travaillant dans les services de médecine du travail et des maladies professionnelles demandent que la prévention soit optimisée et que la prise en charge professionnelle et médico-psychologique des cibles de harcèlement soit davantage développée, car le nombre de salariés ou d'agents en souffrance au travail est tellement élevé qu'il pose un problème de santé publique.

---

1. BENSEFA L. et coll., *op. cit.*

🔍 À noter

La plainte de harcèlement masque des réalités professionnelles et psycho-logiques différentes. Le harcèlement n'est ni la seule raison de la souf-france morale au travail, ni la raison dominante de la souffrance des salariés dans cette enquête. En revanche, les situations de conflit prédomi-nent très largement, ce que contredit l'enquête menée en Île-de-France.

Le harcèlement pervers opère en deux temps

Le harcèlement individuel combine une phase de séduction perverse et une phase de violence perverse, et associe un processus d'abus de pouvoir avec des manœuvres perverses.

Séduction et violence perverse

Une phase de séduction perverse précède la phase de violence perverse dans le harcèlement individuel.

La phase de séduction perverse

Le harceleur veut séduire la cible, pour ensuite l'influencer et la mettre sous son emprise. La séduction consiste à attirer l'autre de façon irrésistible. Cette séduction est narcissique, ce qui signifie que le séducteur cherche dans l'autre qu'il lui renvoie une bonne image de lui-même. L'influence consiste à amener la cible à penser, à décider ou à se conduire autrement qu'elle ne l'aurait fait spontanément. Le séducteur opère de manière indirecte et jamais de façon frontale pour mieux capter le désir de l'autre et le mettre sous son emprise. Cette phase de séduction est suivie d'une phase de violence perverse.

La phase de violence perverse

Si la victime résiste à la séduction, à la domination ou à l'emprise, cela déclenche la haine et la rage du pervers. La haine, qui existait pendant l'exercice de l'emprise mais qui restait masquée, s'exprime alors sans retenue. Elle vise la destruction et l'anéantissement de l'autre. Le pervers justifie une telle haine et une telle violence en incriminant une persécution de l'autre, qui le place ainsi dans un état de légitime défense. Ce processus de défense s'appelle la *projection*.

À noter

La projection est une opération psychique par laquelle un individu expulse de soi et localise en l'autre des sentiments, des désirs qu'il méconnaît ou refuse en lui. Il s'agit d'une défense typique des personnalités pathologiques.

Dans le harcèlement, par un phénomène de projection, la haine de l'agresseur est à la mesure de la haine présumée de la victime à son égard. C'est une violence froide, verbale, faite de dénigrements, de sous-entendus hostiles, de marques de condescendance et d'injures. L'idéal du pervers est d'entraîner sa cible à devenir destructrice à son tour envers elle-même, à devenir responsable de ses souffrances.

Abus de pouvoir et manœuvres perverses

Le harceleur, pervers narcissique qui sévit dans le harcèlement individuel, excelle dans l'abus de pouvoir et les manœuvres perverses.

L'abus de pouvoir

Une lutte pour le pouvoir est légitime entre individus rivaux s'il s'agit d'une compétition où chacun a sa chance, contrairement au harceleur qui utilise sa position de responsable pour en abuser, en dépassant à son profit les frontières du règlement.

Les luttes de pouvoir, d'emblée inégales et ciblées, visent à réduire une victime à l'état d'impuissance pour ensuite l'agresser en toute impunité, sans qu'elle puisse riposter. La loyauté du combat n'est pas la règle de conduite des harceleurs, pour lesquels tous les moyens justifient la victoire de la « mise à mort ». Le harcèlement n'a rien d'un simple abus de pouvoir, dans la mesure où les harceleurs conquièrent le pouvoir en déployant des manœuvres perverses, complexes et indirectes.

Les manœuvres perverses

Un pervers réussit en séduisant à rassembler autour de lui les membres d'un groupe. Les individus n'ont pas perdu tout sens moral mais ont perdu tout sens critique dans leur dépendance au pervers : « *Quand un individu pervers rentre dans un groupe, il tend à rassembler autour de lui les membres du groupe les plus dociles, qu'il séduit. Si un individu ne se laisse pas embrigader, il est rejeté par le groupe et désigné comme bouc émissaire[1]. »*

Séduction et perversion : ce qu'en dit la psychanalyse

La conception psychanalytique de la perversion narcissique analyse le raffinement de la séduction narcissique et l'effroyable violence des manœuvres perverses.

La séduction narcissique

« *Séduire, c'est tirer quelqu'un à soi, hors de son propre chemin[2]* ». La visée de la séduction narcissique n'est pas de plaire : c'est la prédation de la proie, après l'avoir paralysée. La parade séductrice du pervers rappelle le comportement de certains animaux, « *à grand renfort de plumes, crêtes et jabots, destinés à éblouir et à paralyser sa proie[3]* ». La séduction narcissiquement perverse est une prédation morale : il s'agit d'« *une attaque du moi de l'autre au profit du narcissisme du sujet[4]* ». La cible de la prédation est proie ou pigeon. La cible est interchangeable : c'est une marionnette, une chose que le pervers va dominer, maltraiter, disqualifier, maîtriser, manipuler. Mais le pervers narcissique blessé par une proie qui résiste est dangereux car la rage et la haine se déploient alors avec une violence destructrice sans retenue et sans limites.

Des sujets mûrs ne sortent pas indemnes des *serres* d'un pervers narcissique. La métaphore des serres illustre la violence de l'emprise et la visée dévoratrice de la prédation perverse. « *Il n'y a rien à attendre de la fréquentation des pervers narcissiques, on peut seulement espérer s'en sortir indemne[5]*. »

---

1. Hirigoyen M.-F., *Le harcèlement moral dans la vie professionnelle, démêler le vrai du faux*, Pocket, 2002.
2. Racamier P.-C., *Le génie des origines, psychanalyse et psychoses*, Payot, 1992.
3. *Ibid.*
4. *Ibid.*
5. *Ibid.*

Les méthodes perverses

Le pervers immobilise, enferme sa proie dans un filet serré, tissé de mensonges, de non-dits, d'insinuations et de calomnies. Les propos et les agissements des pervers narcissiques opèrent comme un poison, fait de dévalorisations et de disqualifications. Le pervers se complaît dans le sentiment de supériorité et dans l'abaissement d'autrui. Les procédés pervers comportent la culture du secret, l'imposition du non-dit, l'intimidation, la surestimation des alliés, la duperie, l'abus de pouvoir, la disqualification d'autrui.

Le poison pervers envenime les relations professionnelles, dégrade le climat de travail, pompe les énergies, et tue. Au travail, les méthodes perverses sont totalement improductives et anti-créatrices. Toute organisation attaquée par un tel poison a intérêt à stopper de tels procédés pervers. Pour éliminer le poison pervers, il faut dévoiler la vérité car la lumière éveille, alors que le poison engourdit et paralyse.

🔑 À noter

Il ne faut pas oublier que :
- le harcèlement individuel où sévit un pervers narcissique est un cas de figure parmi d'autres, organisationnelles et collectives ;
- le harcèlement mixe la forme perverse et les formes organisationnelles et combine le type individuel avec le type collectif ;
- le harcèlement résulte d'une interaction de facteurs individuels et de facteurs organisationnels ;
- le nombre de pervers ne peut expliquer l'ampleur du phénomène du harcèlement moral au travail ;
- le harcèlement pervers exige, pour se déployer, une permissivité de la hiérarchie et de l'organisation ;
- le harceleur est parfois utilisé dans des relations perverties au pouvoir où il devient le bras armé des détenteurs actuels du pouvoir, ou des prétendants au pouvoir.

La manipulation est au cœur du harcèlement

Les techniques utilisées lors de harcèlement sont nombreuses, diversifiées et redoutables : il s'agit principalement de techniques de manipulation de la communication, de communication paradoxale et de techniques d'attaque des relations professionnelles.

Manipulation et communication

Le harcèlement ou *mobbing* est une « *situation communicative qui menace d'infliger à l'individu de graves dommages psychiques et physiques*[1]. »

Il faut insister sur la place centrale tenue par la communication dans le processus de *mobbing* : le *mobbing* peut faire en sorte que la victime n'ait plus aucune possibilité de faire entendre son point de vue. On veille à ce qu'elle n'ait plus accès à l'information. Elle est acculée dans une position où l'agresseur fixe les règles de communication. La plupart du temps, les demandes d'explication de la victime tournent court. Les agresseurs donnent une interprétation malveillante de tout ce que dit la personne cible.

Le déséquilibre est encore plus flagrant lorsque l'agresseur occupe une position hiérarchique élevée.

La communication peut être manipulée de différentes manières. Elle peut être :

— centralisée : tous les contacts de la cible passent par l'agresseur ;

— supprimée : l'isolement de la cible est total ;

— pervertie : le mode de communication est agressif, méprisant, sur le registre verbal ou non verbal : haussement d'épaules, soupirs, claquement de porte, etc. ;

— falsifiée : les informations sont manipulées ;

— orientée: la cible est poussée à la faute ;

— refusée : les promesses ne sont pas tenues.

Ces perturbations de la communication ont pour effet de couper la personne cible de son réseau relationnel et de tout soutien social (« *support* » social des sociologues anglo-saxons) qui lui permettent, en temps normal, d'affronter avec succès des situations stressantes. Les harceleurs utilisent un éventail très large et riche de moyens de communication anesthésiant l'interlocuteur, le clouant sur place, le mettant dans un état de sidération ou de stupeur, immobilisant la cible ou l'installant dans une confusion mentale étrange. Le paradoxe

---

1. LEYMANN H., *Mobbing, la persécution au travail*, Seuil, 2002.

crée la confusion chez tout être humain normal et piège la proie ciblée par le(s) prédateur(s).

Une communication contradictoire et paradoxale

La communication paradoxale est une arme de destruction psychique des cibles.

Le paradoxe se définit par le lien établi entre deux propositions inconciliables : « *Deux propositions foncièrement incompatibles sont liées ensemble de sorte qu'elles ne peuvent ni se concilier, ni s'opposer face à face, cependant qu'elles se renvoient l'une à l'autre, inséparablement : voilà mis en place un modèle de nouage paradoxal*[1]. »

Exemple : La communication paradoxale

La fameuse histoire des deux cravates est l'illustration la plus célèbre du paradoxe. Une mère donne à son fils deux cravates. Le fils met une cravate ; la mère se plaint qu'il n'aime pas l'autre cravate. Le fils met la seconde cravate ; la mère se plaint qu'il n'aime pas la première. Ainsi se joue le premier temps du discrédit. Alors, le fils met les deux cravates à la fois, et sa mère de se plaindre qu'il a perdu la raison : cette interprétation de *folie* signe le second temps ou second coup de la disqualification. À aucun moment la mère ne remet en question son attitude paradoxale. La mère est de toute façon mécontente, quel que soit le choix de son fils. Ce dernier est pris dans le piège du paradoxe. Dans tous les cas, le fils est disqualifié.

De la même manière, les harceleurs utilisent le double message, où un premier message particulier est suivi d'un second message qui contredit le premier. Le double message place la communication dans un non-sens ; le respect du premier message place le récepteur dans le non-respect du second message.

Dans le harcèlement, les techniques de disqualification imposent des dilemmes insolubles pour faire craquer la cible et la rendre malade. Ainsi, la pathologie de l'institution est déchargée sur la cible, fusible du système. De nombreuses organisations changent régulièrement de fusibles et usent des cibles successives pour protéger le dysfonctionnement institutionnel.

---

1. GRÉARD N. et coll., *op. cit.*

La communication indirecte

L'agresseur privilégie le registre de la communication non verbale : soupirs excédés, haussement d'épaules, regards méprisants. Lorsque les agressions sont verbales, elles sont le plus souvent indirectes : sous-entendus, allusions, critiques dissimulées. La victime en vient à douter de ses propres perceptions. Il est très difficile de se défendre des agressions indirectes. Puis, la cible doute d'elle-même. Elle perd toute confiance et estime de soi. Plus la victime perd confiance et moins, elle peut se défendre.

Le harceleur préfère la communication indirecte à la communication directe : l'agression n'a pas lieu ouvertement, de sorte que la victime ne peut pas répliquer. Le conflit n'est jamais nommé, ni déclaré. Les reproches sont flous, imprécis et laissent place à toutes les interprétations possibles ou malentendus. La victime culpabilise face aux reproches qui restent inexpliqués : *« Qu'est-ce qu'il a à me reprocher ? »* ; *« Qu'est-ce que j'ai encore fait ? »* La victime adopte une attitude de plus en plus défensive qui suscite des agissements hostiles de plus en plus élaborés, dont la violence psychique est décuplée. L'agresseur refuse d'expliquer son attitude et utilise le déni, ce qui paralyse la victime. Celle-ci ne peut se défendre. La poursuite de l'agression est dès lors possible, et surtout l'attribution de la responsabilité du conflit à la personne harcelée est garantie.

Le pervers narcissique excelle dans le raffinement, la subtilité des communications indirectes et non verbales qu'il distille comme un poison pour mieux blesser la cible dans sa dignité, son intégrité.

Technique de disqualification

Les techniques du harcèlement sont essentiellement des techniques de disqualification qui visent à discréditer la victime et atteindre sa dignité et son individualité. Des calomnies mensongères, des sous-entendus malveillants sont utilisés pour discréditer la cible et insinuer des doutes chez les collègues et sa hiérarchie. Le harceleur crée le doute dans la tête des collègues : *« Tu ne crois pas que... ? »*. On amène la cible à se mettre en colère ou à adopter un comportement agressif. Quand elle craque, s'énerve ou déprime, on la déclare malade mentale, on la qualifie de *folle*. On l'accuse et on la responsabilise. L'agresseur peut dire : « *Vous voyez, cette personne n'est vraiment pas à sa place.* » Quand les collègues concluent que la cible est malade, ou *folle*, le harcèlement est justifié, l'agresseur est soutenu et peut agir en toute impunité.

Isoler la cible

Les techniques de disqualification sont complétées, dans certaines situations, de techniques visant à isoler la cible dans son environnement professionnel. On isole la personne en cassant ses alliances, en montant les gens contre elle, en semant la discorde.

Une mise au placard correspond à une forme de harcèlement en creux. Au placard, on retrouve la personne qui dénonce les détournements de biens sociaux, les abus, les arrangements financiers. Au placard, l'atteinte narcissique est dramatique. La cible a perdu non seulement son travail, mais aussi son identité professionnelle, son estime de soi, son relationnel. Le regard des autres se détourne des placardés. Une fois isolée dans son placard, il est plus difficile pour la cible de se défendre, seule contre tous. Le travail de déstabilisation est parfois effectué par les collègues envieux et non par l'agresseur, qui peut clamer son innocence et dire qu'il n'y est pour rien. Le harceleur a réussi à déléguer l'exercice des agissements hostiles à des collègues.

Pousser la cible à la faute

Certaines techniques utilisées par les harceleurs visent à manipuler la cible et la pousser à la faute professionnelle. L'objectif visé par le harceleur est de s'offrir le plaisir de critiquer la cible et l'accuser de faute professionnelle. Le harceleur demande à la cible de transgresser le règlement intérieur ou le code de déontologie en l'assurant de sa responsabilité, qui est immédiatement niée après que la cible a effectué l'activité répréhensible.

Questionnaire 6 : Décoder les techniques dont vous êtes cible, auteur ou témoin

Des médecins du travail et les associations de lutte contre le harcèlement ont répertorié cinq techniques d'attaque des relations professionnelles. Le questionnaire 6 vous permettra d'identifier les techniques d'attaque de votre harceleur si vous êtes cible, ou vos propres communications si une cible vous reproche certaines méthodes ou si vous reconnaissez utiliser des techniques de communication problématiques ou manipulatrices.

Les techniques d'attaque du harcèlement sont exposées et détaillées après ce questionnaire.

Consigne

Consigne cible : Répondez « oui » si vous êtes la cible de telle ou telle technique utilisée par votre harceleur.

Consigne acteur ou témoin de harcèlement : Répondez « oui » si vous êtes l'auteur ou le témoin d'une de ces techniques de communication.

La cible se plaint avec raison qu'on	OUI	La cible se plaint avec raison qu'on	OUI
1 - lui coupe la parole délibérément		26 - consulte ses messages électroniques	
2 - la tutoie alors qu'elle utilise le vouvoiement		27 - enregistre ses conversations	
3 - lui parle en lui criant dessus		28 - lit ses messages électroniques	
4 - ne la salue pas, ne lui dit pas bonjour ni au revoir		29 - compte ses photocopies	
5 - l'insulte, l'injurie ou la siffle comme un chien		30 - contrôle ses présences et ses absences	
6 - critique systématiquement son travail		31 - change les horaires des réunions au dernier moment	

La cible se plaint avec raison qu'on	OUI	La cible se plaint avec raison qu'on	OUI
7 - critique son physique ou qu'on viole son espace personnel		32 - fixe des horaires difficiles	
8 - la bouscule physiquement		33 - oublie de l'informer des réunions	
9 - communique uniquement par des notes de service, des post-it, etc.		34 - suggère aux collègues de ne plus lui parler	
10 - la regarde de haut, avec mépris		35 - la convoque sur une plage horaire difficile à libérer pour elle	
11 - lui refuse des jours de congé		36 - ne lui envoie pas les convocations des réunions	
12 - utilise des lettres recommandées avec accusé de réception		37 - l'isole des autres	
13 - fait des avertissements pour des fautes créées de toutes pièces		38 - l'informe trop tardivement	
14 - ne lui paie pas les heures supplémentaires		39 - la change de bureau et la met à l'écart	
15 - lui refuse une demande de RTT au dernier moment		40 - ne l'invite pas à un pot	
16 - ne lui paie pas les indemnités d'arrêts maladie		41 - déchire un rapport exigé expressément	
17 - lui demande de justifier tout et constamment		42 - lui fait refaire une tâche déjà faite	
18 - lui refuse un arrangement accordé auparavant		43 - la fait travailler inconfortablement (par terre)	
19 - lui présente des notes de service (plusieurs par jour)		44 - corrige des fautes inexistantes	
20 - lui annule une autorisation accordée préalablement		45 - lui impose une démarche pour la critiquer après	
21 - écoute ses communications téléphoniques, on les contrôle		46 - la prive de bureau, de téléphone ou d'ordinateur	

La cible se plaint avec raison qu'on	OUI	La cible se plaint avec raison qu'on	OUI
22 - vérifie le contenu des documents destinés au public		47 - lui retire une responsabilité pour l'attribuer à un collègue sans l'en avoir informée	
23 - vérifie ses tiroirs, ses armoires		48 - la met en situation d'échouer en lui fixant des objectifs irréalistes	
24 - impose l'ouverture des portes de bureau en permanence		49 - lui dépose un dossier urgent cinq minutes avant son départ	
25 - note ses déplacements		50 - la critique, la décourage pour l'épuiser, l'éreinter	

Analysez vos résultats

Indiquez le nombre de réponses « oui » pour les dix premières propositions, puis les dix suivantes et ainsi de suite. Le nombre de propositions étant de dix par groupe, votre score est obligatoirement compris entre 0 et 10.

Propositions	Votre score /10	Techniques	Objectifs
1 à 10	....	Relationnelles	Instaurer une relation de pouvoir
11 à 20	....	Punitives	Mettre la personne en situation de justification constante
21 à 30	....	Persécutives	Surveiller les faits et gestes
31 à 40	....	D'isolement	Séparer la personne de son collectif
41 à 50	....	D'attaque du geste de travail	Attaquer le sens du travail

Plus le score est proche de 10, plus la technique est utilisée dans le cas de harcèlement dont vous êtes cible, acteur ou témoin.

Vous pouvez établir le tiercé des techniques d'attaque prédominantes utilisées par le harceleur ou par vous-même :

1-..................... 2-..................... 3-.....................

Ces différentes techniques sont décrites par les médecins et les psychologues qui écoutent les patients fréquentant les services de consultations des maladies professionnelles[1]. Elles sont exposées dans le paragraphe suivant.

Différentes techniques d'attaque

Les harceleurs utilisent des techniques de communication d'attaque du travail. L'attaque vise le geste de travail et surtout le sens du travail. L'attaque vise l'isolement de la cible de son environnement professionnel et la désaffiliation de la personne de tout collectif. L'attaque vise à détruire les relations professionnelles et à instaurer une domination.

Techniques persécutives

Les techniques persécutives reposent sur la surveillance des faits et gestes en vue de tout contrôler :

— contrôler les présences et les absences ;

— contrôler les communications téléphoniques, les écouter, les enregistrer ;

— consulter les messages électroniques, etc.

Ces techniques visent à faire comprendre à la cible que ses moindres faits et gestes sont contrôlés et qu'elle est sous surveillance. La cible développe une hyper vigilance, connaît un état d'alerte permanent qui l'épuise. Ces techniques visent à atteindre l'autonomie de la cible, qui va se méfier et anticiper de plus en plus et perdre sa spontanéité, sa liberté d'action et son libre arbitre.

---

1. GRENIER-PEZÉ M. et coll., « La maltraitance dans les relations de travail », *Le concours médical*, 6, 2001.

Techniques punitives

Les techniques punitives consistent à menacer de sanctions punitives. Elles mettent la cible en situation de justification constante. Ces techniques menaçantes consistent à :

– faire des avertissements pour des fautes créées de toutes pièces ;

– ne pas payer les heures supplémentaires ou les indemnités d'arrêts maladie ;

– ne pas accorder les jours de congé ;

– refuser une demande de RTT au dernier moment, etc.

La cible est installée dans une attitude craintive, d'alarme et d'hyper vigilance. Toutefois, ces techniques de menace touchent tout l'environnement professionnel, car l'entourage de la cible se sent menacé et a peur de devenir la cible des techniques destructrices. Les collègues ont peur de se montrer solidaires. L'ambiance de travail est délétère et envenimée par la peur.

Isoler la cible de son collectif

Les techniques d'isolement visent la séparation du sujet de son collectif. Elles consistent à :

– changer les horaires des réunions au dernier moment ;

– fixer des horaires difficiles ou impossibles (lundi 8 h, vendredi 17 h) ;

– oublier d'informer la cible des horaires d'une réunion.

Attaquer les relations professionnelles

La finalité des techniques utilisées par les harceleurs est l'attaque et la maltraitance des relations professionnelles. L'objectif est la désaffiliation du salarié au collectif de travail. Ces techniques détournent les liens professionnels (refus de communiquer, insultes), les règles disciplinaires (sanctions injustifiées), le pouvoir de direction (donner du travail inutile), le pouvoir d'organisation (modifier les conditions de travail). Elles produisent une altération du rapport au réel du travail. Ces techniques d'attaque des relations professionnelles visent la domination et l'exercice du pouvoir.

Instaurer une relation de pouvoir

Les techniques relationnelles instaurent une relation de pouvoir. Les moyens utilisés pour imposer une relation de domination, d'influence consistent à adopter des attitudes méprisantes, irrespectueuses, arrogantes, supérieures ou despotiques : tutoyer sans réciprocité ; hausser le ton jusqu'à crier ; critiquer systématiquement le travail de la cible, son physique, son comportement, etc. ; utiliser des expressions injurieuses en public (sexistes, machistes, racistes, etc.) ; regarder la personne avec mépris, de manière hautaine, etc. ; bousculer la cible, la violenter ; ne pas respecter l'espace privé d'autrui, c'est-à-dire faire intrusion dans la zone proximale d'intimité et violer l'espace privé.

Attaquer le sens du travail

Les harceleurs utilisent des techniques de communication d'attaque du travail. L'attaque vise le geste de travail et surtout le sens du travail. Les techniques d'attaque sont triples : les injonctions paradoxales, la mise en scène de la disparition, la reddition émotionnelle par hyperactivité.

- Les injonctions paradoxales consistent à énoncer des propositions contradictoires : faire venir le salarié et ne pas lui donner de travail ; déchirer un rapport exigé avec empressement puis jugé inutile ; faire refaire une tâche déjà faite ; corriger des fautes inexistantes ; imposer une démarche pour exécuter une tâche puis critiquer la méthode quand l'activité est terminée, etc.

- La mise en scène de la disparition consiste à supprimer des tâches définies dans le contrat de travail ou à supprimer des tâches de responsabilité et à les attribuer à un tiers, sans informer au préalable les personnes concernées ; priver de bureau, d'ordinateur, de téléphone, etc.

- La reddition émotionnelle par hyperactivité consiste à fixer des objectifs irréalistes et irréalisables : exiger un travail urgent cinq minutes avant le départ du salarié en week-end ou en vacances ;

critiquer systématiquement tout ; produire les conditions de l'épuisement professionnel ou *burn out,* dont les signes sont triples :

- l'épuisement émotionnel : manque d'entrain ou de motivation au travail ;

- la dépersonnalisation : attitudes détachées, négatives, cyniques envers les personnes dont on s'occupe ;

- le sentiment de non-accomplissement de soi : dévalorisation de son travail et de ses compétences, diminution de l'estime de soi et du sentiment d'auto-efficacité[1].

L'enquête menée à Nanterre auprès de 94 consultants au service *Souffrance et travail* montre que les agissements ne se limitent jamais à une seule catégorie de techniques et que les techniques de type relationnel et celles caractérisées par l'attaque du geste de travail sont les plus fréquentes. Les techniques relationnelles sont plus utilisées par les femmes à l'encontre de femmes, alors que les techniques d'attaque du geste de travail sont plus utilisées par les hommes à l'encontre d'hommes.

	Hommes	Femmes
Techniques d'attaque du geste de travail	87 %	86 %
Techniques relationnelles	84 %	97 %
Techniques punitives	71 %	80 %
Techniques d'isolement	55 %	63 %
Techniques persécutives	58 %	60 %

(D'après De Gasparo & Grenier-Pezé[2].)

---

1. TRUCHOT D., *Épuisement professionnel et* burnout : *concepts, modèles, interventions*, Dunod, 2004.
2. DE GASPARO C., GRENIER-PEZÉ M., « Étude d'une cohorte clinique de patients harcelés : une approche sociologique quantitative », *Documents pour le médecin du travail*, 95, 2003.

Le harcèlement : rappeler qui a le pouvoir

L'objectif du harcèlement est de montrer qui commande et d'avertir tout un chacun des risques qu'il prend en ne respectant pas les détenteurs du pouvoir. La hiérarchie détient le plus souvent le pouvoir mais il arrive que des groupes pervers exercent le pouvoir dans certaines institutions.

Au fondement de toutes les agressions constitutives du harcèlement, il y a une *« crise de l'autorité*[1]. *»*

Conflit d'autorité

La future cible n'a pas reconnu l'autorité du futur harceleur et ne l'a pas légitimée. De même, le futur harceleur dénie toute autorité au futur harcelé. Le futur harceleur et la future cible n'entendent pas de la même façon le rapport d'autorité :

— certains harceleurs entendent par *« autorité »* ce qui est en réalité une forme de domination manifeste dans les attitudes autoritaires, autoritaristes, despotiques, tyranniques, etc. Selon cette conception de l'autorité, le pouvoir est toujours imposé au subordonné ;

— certaines cibles entendent plutôt par *« autorité »* l'obéissance fondée sur la reconnaissance de compétence, par opposition à la contrainte et à la persuasion. Dans ce cas, le pouvoir est fondé sur des compétences ; il est reconnu légitime par le subordonné et il n'a donc pas besoin d'être imposé.

On observe dans certaines institutions un refus systématique de toute autorité quelle qu'elle soit et de toute direction par les salariés, dont l'attitude opposante ressemble au comportement de certains jeunes face à tout représentant de l'autorité (pompiers, police).

Dans certaines situations de harcèlement, l'autoritarisme est le prétexte officiel masquant le véritable enjeu dans la conquête du pouvoir, qui se joue au profit d'un individu ou d'un groupe d'individus contre la direction en place. L'exercice du pouvoir est très

---

1. BILHERAN A., *Le harcèlement moral*, Armand Colin, 2006.

souvent au cœur du processus de harcèlement. La conquête du pouvoir est la finalité de la plupart des phénomènes de harcèlement.

L'envie, moteur du harcèlement[1]

L'envie est le nœud du harcèlement moral au travail. Elle peut faire des ravages effroyables. L'envie est le sentiment de colère qu'éprouve un sujet quand il craint qu'un autre ne possède quelque chose de désirable et n'en jouisse. L'impulsion envieuse tend à s'emparer de cet objet ou à l'endommager. L'envie surgit quand deux personnes sont susceptibles de se comparer ou d'être en position de rivalité. L'envie peut concerner de tout petits riens : un bureau plus clair, une fenêtre, un meilleur salaire, une prime, des faveurs de congé. L'envie est indicible : *« Je ne le supporte pas parce qu'il est plus intelligent que moi. »* Comme on ne peut pas dire que le rival est *« plus beau, plus riche, plus aimé que moi »*, alors on agit en détruisant l'autre, pour se rehausser. L'envie est souvent (à tort) confondue avec la jalousie. Or, l'envie implique une relation du sujet à une seule personne, tandis que la jalousie comporte une relation avec deux autres personnes au moins et concerne principalement l'amour que le sujet sent comme lui étant dû, amour qui lui a été ravi – ou pourrait l'être – par un rival. La jalousie est la crainte de perdre ce qu'on possède, l'envie est la souffrance de voir quelqu'un d'autre posséder ce qu'on désire pour soi-même.

Tout effort pour satisfaire un envieux demeure stérile. L'envieux est insatiable, toujours insatisfait. L'envieux ne stoppe jamais spontanément ses comportements agressifs. La satisfaction de l'envie est la prédation d'un objet qui ne sera pas aimé mais employé. L'autre est réduit à l'utilité, il est disqualifié, exploité.

Cette trajectoire prédatrice ne cesse que par le concours actif de l'entourage et de la hiérarchie.

---

1. KLEIN M., *Envie et gratitude,* Gallimard, 1978.

----------- **En résumé** -----------

Le harcèlement résulte le plus souvent d'un conflit qui s'est envenimé car personne n'a stoppé l'évolution du processus à temps. La gestion des conflits revient aux managers, dirigeants et employeurs qui devraient limiter l'usage des techniques d'attaque des relations professionnelles, la manipulation de l'information et la communication paradoxale qui enveniment le climat de travail et augmentent le risque de harcèlement au travail.

Chapitre 5

Le coût du harcèlement

Le harcèlement a un coût exorbitant pour tous. Le prix du harcèlement est supporté par la société, l'entreprise, les individus impliqués, l'entourage professionnel et familial. Ce coût est économique, social et humain.

Coût direct et indirect

Les dégâts causés par le harcèlement sont individuels et collatéraux ou collectifs, socio-économiques et psychologiques, directs et indirects. En effet, la violence psychologique au travail génère des coûts directs à cause du travail perdu, et des coûts indirects tels que la baisse de l'efficacité, de la productivité et de la qualité des produits, la détérioration de l'image de marque de l'entreprise, la dégradation du climat de travail, etc. La violence au travail provoque une rupture dans les relations interpersonnelles, dans l'organisation du travail et dans le milieu du travail.

Aux États-Unis, le coût total pour les employeurs des actes de violence commis sur le lieu de travail a été estimé à plus de 4 milliards de dollars pour une année[1]. Les dépenses publiques occa-

---

1. *National Safe Workplace*, 1992.

sionnées par le traitement de la dépression s'élèvent à 30 et 44 milliards de dollars, d'après le Bureau international du travail[1].

Dans les pays de l'Union européenne, la facture est estimée à 20 milliards d'euros, et à 1 milliard d'euros pour la France. Les motifs de ce coût exorbitant sont l'absentéisme, les accidents, la perte de productivité, la démotivation, les conflits sociaux, les condamnations pénales. Plus de la moitié des journées de travail perdues sont plus ou moins directement liées au stress ; en France, la dépression et le stress représentent la deuxième cause d'arrêts de travail, juste après les maladies ostéo-articulaires, d'après Légeron[2].

Un coût économique considérable

Le coût du harcèlement est tel qu'aucun dirigeant n'a intérêt à se désintéresser de ce problème professionnel (à moins qu'il ne l'utilise à ses fins…). Le harcèlement est un poison qui envenime l'ambiance de travail, exacerbe les rivalités improductives, désolidarise les équipes, brise les énergies créatrices, décuple l'absentéisme et les arrêts de travail, engendre des licenciements et des mesures juridiques coûteuses, etc.

Le harcèlement est non productif

Le harcèlement est totalement improductif. Le coût du harcèlement intègre le prix du *turn over*, des arrêts maladie, des licenciements, des maladies professionnelles, des conflits qui polluent l'ambiance de travail, des querelles qui tuent la créativité et abaissent gravement la performance. Il produit chez les cibles une perte de confiance en leurs compétences ou leurs qualités professionnelles, et entraîne une remise en cause profonde de leur identité professionnelle.

L'enquête européenne sur la violence au travail estime que la violence psychologique contribue à elle seule à faire chuter la productivité de 1 à 2 % : « *Une lutte efficace contre le harcèlement et la violence peut*

---

1. Bureau international du travail.
2. LÉGERON P., « La santé mentale au travail, un enjeu humain et économique », *La presse médicale*, 35, 2006.

permettre aux organisations de renforcer leur compétitivité par une meilleure utilisation des talents et compétences de leurs ressources humaines, qui mette l'accent sur la question de la diversité[1]. »

La principale conséquence du harcèlement moral dans un échantillon constitué de 94 victimes de harcèlement reçues à la consultation *Souffrance et travail* à Nanterre est l'arrêt de travail en longue maladie, pour 61 % des cas[2].

Le coût des arrêts de travail

Les agissements hostiles peuvent entraîner des arrêts de travail, des inaptitudes temporaires ou définitives, partielles ou totales :

En Europe[3], l'absentéisme résultant d'un harcèlement moral au travail touche 34 % des salariés.

En France, 57 % des 126 patients consultant un service de maladies professionnelles à Garches, Cochin et Créteil sont en arrêt de travail, contre 32 % qui travaillent et 2 % sont en mi-temps thérapeutique. La plupart des patients (87,2 %) bénéficie d'un traitement anti-dépresseur et d'un suivi psychiatrique (54,4 %)[4].

74 % de la population étudiée par M.-F. Hirigoyen[5] est en arrêt de travail, dont la durée dépasse trois mois pour un tiers des sujets ; la durée se situe entre 3 mois à un an pour 36 %, entre 1 à 2 ans pour 10,5 %, entre 2 ans ou plus pour 7 %.

82 % des cas de l'enquête HARMOR[6] menée auprès de tous les médecins du travail de la région Poitou-Charentes ont une inapti-

---

1. Fondation européenne sur les conditions de vie et les conditions de travail, « Prévention du harcèlement et de la violence sur le lieu de travail », 2003.
2. DE GASPARO C., GRENIER-PEZÉ M., *op. cit.*
3. Fondation européenne pour l'amélioration des conditions de vie et de travail, 2000.
4. BENSEFA L. et coll., *op. cit.*
5. HIRIGOYEN M.-F., *Le harcèlement moral dans la vie professionnelle, démêler le vrai du faux*, Pocket, 2002.
6. L'enquête HARMOR (pour HARcèlement MORal) a été réalisée à l'initiative du docteur Patrick Loiret, médecin inspecteur du travail de l'Inspection médicale régionale du travail et de la main-d'œuvre de Poitou-Charentes.

tude temporaire (41 %), définitive (41 %) ou une restriction d'aptitude (26 %).

La majorité des médecins (65 %) estime que les situations de harcèlement sont en progression ces dernières années et témoignent d'une préoccupation certaine pour ce problème. Leur évaluation qualitative révèle 57 % de cas graves, 48 % de cas moyennement graves, 18 % de cas très graves et 14 % de cas peu graves.

L'enquête de M.-F. Hirigoyen[1] constate que 30 % de personnes se retrouvent en longue maladie, invalidité ou au chômage.

Lorsqu'une inaptitude est prononcée par un médecin du travail, le licenciement devient effectif, et avec lui sa cohorte de difficultés sociales et les problèmes de réinsertion professionnelle. Ce sont les cibles de harcèlement qui sont évincées du monde professionnel, et plus rarement les harceleurs.

À noter

L'incapacité de travail validée par la médecine du travail est paradoxale car elle satisfait le désir du harceleur d'exclure la cible.

Exclusion de la victime

L'exclusion du marché de l'emploi est la sanction professionnelle du harcèlement moral au travail.

Le nombre de personnes exclues du monde du travail dans l'enquête de M.-F. Hirigoyen s'élève à 66 %, avec 36 % de départs, 20 % de licenciements pour faute, 9 % de départs négociés, 7 % de démissions, 1 % de préretraites, 30 % de personnes qui se retrouvent en longue maladie, invalidité ou au chômage.

Un salarié sur deux est contraint de quitter l'entreprise, selon l'enquête menée en Franche-Comté[2].

---

1. HIRIGOYEN M.-F., *op. cit.*
2. EGRETEAU F., MARGUET G., *op. cit.*

L'évolution professionnelle des harcelés s'effectue en dehors de l'entreprise pour 55 % des cas, selon l'enquête des services des maladies professionnelles de Cochin, Créteil et Garches[1], dont 65 % n'ont pas retrouvé d'emploi. La durée d'exposition au harcèlement est un facteur d'évolution défavorable.

L'enquête menée par les médecins du travail du centre de la France montre que, au bout d'un an, 38 % des victimes sont au chômage, 20 % ont trouvé un nouvel emploi, les autres étant en formation ou retraités.

43 % des patients harcelés sont au chômage, d'après l'enquête du service de santé au travail de Garches[2]. Parmi les personnes qui ont été licenciées, 33 % ont retrouvé un travail dans une autre entreprise. Au total, seulement 38 % des patients ayant répondu au questionnaire sont effectivement au travail. Le pronostic socioprofessionnel des victimes de harcèlement moral au travail est sombre. De plus, le maintien dans l'entreprise s'accompagne d'une proportion élevée d'arrêts de travail qui se prolongent[3].

La souffrance au travail exclut de l'emploi une partie des salariés : le harcèlement constitue un obstacle à la recherche de travail car les cibles de harcèlement sont dans une sidération psychologique qui inhibe les démarches de recherche d'emploi. Le harcèlement crée un enkystement de la victime dans l'immobilisme, la crainte, l'inhibition. La personne reste *statufiée* dans la souffrance engendrée par le processus de harcèlement et le traumatisme vécu au travail. Une courte durée d'exposition permet une évolution plus favorable. Cela prouve l'importance qu'il peut y avoir à diagnostiquer les situations de harcèlement le plus tôt possible.

---

1. BENSEFA L. et coll., *op. cit.*
2. PAOLILLO A.-G. et coll., « Devenir socioprofessionnel de 204 patients en situation de harcèlement moral professionnel présumé », *Archives des maladies professionnelles et de l'environnement,* 65, 2004.
3. HAYS G. et coll., *op. cit.*

Coût global de la prise en charge des cibles

Le coût global de la prise en charge des cibles de harcèlement par les organismes d'assurance sociale ou par la collectivité se chiffre en milliards. Les effets du harcèlement sont dévastateurs sur la santé physique et psychique et peuvent être estimés en nombre de jours d'arrêt de travail, en nombre de passages à l'acte suicidaire et en quantité de symptômes psychosomatiques et psychologiques, dont l'éventail est très large, pouvant aller d'une anxiété légère au suicide, en passant par des ruminations mentales et des réminiscences post-traumatiques.

Le coût humain du harcèlement

Le harcèlement a un coût humain très élevé en termes de symptômes somatiques et psychosomatiques.

Passage à l'acte suicidaire

Le risque suicidaire est important chez les cibles de harcèlement :

- 10 à 15 % de suicides sont observés après un harcèlement moral au travail en Suède, d'après le Bureau international du travail ;
- 2,7 % de tentatives de suicide, selon l'enquête en région Provence-Alpes-Côte d'Azur. Sur 489 cas de harcèlement moral, 13 ont abouti à une tentative de suicide[1] ;
- 18 % de tentatives de suicide dans l'enquête menée parmi les patients reçus à la consultation *Souffrance et travail* de Nanterre[2].

Le risque suicidaire peut être favorisé par une décision d'incapacité ou de mise en invalidité, par une agression subie venant s'ajouter au

---

1. CHIARONI J., « Le harcèlement moral au travail, étude auprès des médecins du travail de la région PACA », *Archives des maladies professionnelles et de l'environnement*, 62, 2001.
2. DE GASPARO C., GRENIER-PEZÉ M., *op. cit.*

processus insidieux permanent, ou par une menace explicite de licenciement, précise le rapport du Conseil économique et social[1].

Symptômes somatiques et psychosomatiques

Le harcèlement produit chez les cibles de nombreuses manifestations somatiques et psychosomatiques, des troubles du sommeil, etc.

La confrontation à la situation de harcèlement amène le harcelé à se rendre au travail avec une crainte obsédante, une anticipation anxieuse se traduisant par la *peur au ventre*. Cette anxiété produit des manifestations physiques diverses : tremblements, tachycardie, boule œsophagienne, irritabilité, humeur instable, agressivité. Les principales atteintes somatiques sont la fatigue, les troubles du sommeil, les troubles des conduites alimentaires (amaigrissement, boulimie), les troubles de la sphère digestive, gynécologique, etc.

Conséquences psychologiques du harcèlement

Les conséquences psychologiques du harcèlement sont fréquentes et diverses. Le harcèlement moral vise à détruire psychiquement une personne. Sur le plan psychoaffectif, le processus de destruction atteint l'intégrité affective de la cible, créant des sentiments délétères pour l'estime de soi et le moral. Les cibles souffrent d'une perte de sens, de honte, de culpabilité, de sidération, etc.

La perte de sens

Le harceleur reproche à la personne cible de ne pas travailler mais ne lui donne pas de travail ou des tâches inutiles qui n'ont aucun sens[2]. Les techniques de harcèlement visent à rendre incompréhensible ce qui se passe et réussissent à paralyser la cible comme une araignée engluée dans sa toile. La personne en vient à douter de ses capacités, de sa santé mentale et en plus, elle se responsabilise et se culpabilise.

---

1. DEBOUT M., *op. cit.*
2. Amélie NOTHOMB, dans *Stupeurs et tremblements* (Albin Michel, 1999), décrit qu'elle doit faire cent fois les mêmes photocopies, jetées à la poubelle quotidiennement.

La honte et la culpabilité

La honte explique cette difficulté à parler, à dénoncer. Les humiliations sont vécues en faisant bonne figure. Les messages venimeux sont avalés comme des couleuvres, ravalés comme des larmes. La honte peut venir du fait qu'on n'a pas su ou pu réagir. La cible de harcèlement s'en veut de supporter, de subir, de ne pas s'opposer et de ne pas réussir à stopper le processus. Elle se sent engluée : c'est l'emprise destructrice. Le harceleur a réussi à responsabiliser la cible de son malheur qui, de victime, endosse le rôle de coupable. La culpabilité se distingue de la honte. On peut se sentir coupable sans avoir honte de ce que l'on a fait. Inversement, on peut ressentir de la honte sans se sentir coupable. Le harcèlement produit de la culpabilité car la cible est souvent accusée d'être responsable du phénomène de harcèlement moral. La cible se demande ce qu'elle a fait de répréhensible.

La méfiance

Les agissements hostiles du harcèlement poussent la cible à la prudence et la méfiance. Une personne trahie, bafouée, blessée, disqualifiée devient méfiante avec légitimité. Une personne surveillée, piégée, prend des précautions. Elle est sur ses gardes en permanence, elle est sur la défensive et une méfiance généralisée se développe. La méfiance légitime peut devenir une méfiance persécutive. Pour se défendre, la cible doit accumuler les preuves ; elle devient alors procédurière. La personne harcelée se comporte comme une bête traquée qui sent l'intentionnalité du harceleur, elle est en état d'alerte permanente.

La sidération

La personne harcelée est engluée dans l'emprise. Elle est figée, sidérée. On parle de meurtre psychique. Elle est en vie mais transformée en zombie. La cible de harcèlement est sous l'effet de l'anesthésie affective du harceleur. Dans le harcèlement, on parle de sidération, qui est une attitude caractéristique chez les victimes d'événements traumatiques (accidents, tsunami, terrorisme, catastrophes naturelles, etc.).

126

Anxiété et stress

Le harcèlement produit des réactions de stress, notion floue qui mérite un bref éclaircissement. Le stress résulte d'un décalage entre les exigences d'une situation et les capacités du sujet. Si la situation met en danger le sujet, il est envahi par un vécu émotionnel désagréable (menace, perte) alors que si la situation est bénéfique pour lui, il éprouve des émotions positives (challenge, défi, bénéfice, gain).

L'anxiété touche 41 % des victimes de harcèlement moral reçues à la consultation *Souffrance et travail* de Nanterre[1].

Le stress au travail affecte 28 % des individus et un travailleur sur dix souffre de dépression ou d'anxiété, d'après l'Agence européenne pour la sécurité et la santé au travail.

Les symptômes des cibles de harcèlement sont proches des réactions au stress, quand le harcèlement est récent et que l'espoir existe encore. Mais le harcèlement est plus qu'une situation stressante. Si le harcèlement perdure et si un réseau de soutien ne se crée pas autour de la cible de harcèlement, elle entre dans une phase de décompensation et peut tomber gravement malade.

En victimologie, les harcelés sont considérés comme des victimes psychiques qui, comme des victimes de guerre, ont été placées dans un état de siège virtuel qui les a obligées à être en permanence sur la défensive. Les cibles de harcèlement présentent des symptômes semblables à ceux des victimes d'événements traumatiques (accident de la route, tremblement de terre, raz de marée, etc.). Aux manifestations de stress s'ajoutent un sentiment d'impuissance, d'humiliation, de culpabilité ainsi qu'une perte de l'estime de soi. Ces manifestations anxieuses créent les conditions d'un état dépressif et si le harcèlement se poursuit, un état dépressif léger peut laisser la place à un état dépressif majeur.

---

1. De Gasparo C., Grenier-Pezé M., *op. cit.*

Le harcèlement : un événement traumatique ?

Le harcèlement renvoie à l'idée d'érosion, par l'aspect répétitif et insistant des coups portés plus que par leur intensité, le plus souvent faible (ce qui le rend difficilement décelable, dicible). Le harcèlement au travail fait davantage référence aux micro-traumatismes agissant par effet cumulatif. Les micro-commotions répétitives ainsi accumulées créent une usure, voire une blessure narcissique. La douleur psychique liée au harcèlement ébranle par son aspect réitéré ; le moi est angoissé parce qu'il a fait l'expérience d'une douleur dont il craint le retour et contre laquelle il se défend. C'est la répétition de la micro-commotion qui engendre le sentiment d'impuissance, la perte de l'estime de soi, l'humeur dépressive.

Le harcèlement n'est pas un événement traumatique dans le sens où celui-ci se caractérise, en victimologie, par les deux critères suivants :

- L'individu a été confronté ou a été témoin d'un événement durant lequel des personnes ont trouvé la mort, ont été menacées de mort, ou encore ont été très gravement blessées ou durant lequel son intégrité physique ou celle d'autrui a pu être menacée.

- La réaction du sujet à l'événement s'est traduite par une peur intense, un sentiment d'impuissance ou d'horreur.

🔍 À noter

Le harcèlement moral ne relève pas d'un événement traumatique associant un danger de mort immédiate ou une menace de l'intégrité physique de l'individu car c'est l'intégrité psychique qui est ici mise à mal et menacée. Le harcèlement résulte d'une séquence organisée d'agissements hostiles répétitifs et durables, contrairement à l'événement traumatique qui est soudain, brutal et imprévisible.

Symptômes engendrés par le harcèlement

Le harcèlement engendre des symptômes similaires au trouble appelé « état de stress post-traumatique » qui apparaît chez certaines personnes ayant été confrontées à un événement traumatique.

128

Exemple : Sidération psychologique

Madame H., harcelée au travail, présente une sidération psychologique. Son fonctionnement mental est grippé comme un moteur. Pendant la nuit, où la vigilance baisse la garde, les cauchemars troublent son sommeil en répétant inlassablement le scénario traumatisant. Elle souffre de multiples symptômes, comme des sensations de peur ou de terreur en allant au travail, de l'anxiété et de l'angoisse qui se manifestent physiquement (tachycardie, tremblements) ; des réveils en sueur, l'impression terrorisante de revivre des scènes d'humiliation de la journée ; des pleurs fréquents, une humeur triste et des idées noires ; des doutes moraux sur le bien et le mal, le vrai et le faux, le juste et l'injuste ; des sentiments de culpabilité; la perte de l'estime de soi, des sentiments de dévalorisation; des difficultés intellectuelles, des troubles de concentration.

Les personnes souffrant de stress post-traumatique présentent des symptômes très variés.

- L'événement traumatique est constamment revécu : la personne souffre de reviviscences et de réminiscences, c'est-à-dire de souvenirs répétitifs et envahissants de l'événement, comprenant des images, des pensées ou des perceptions ; rêves répétitifs de l'événement ; agissements soudains *comme si* l'événement traumatique allait se reproduire (*flash-back*) ; sentiment intense de détresse psychologique lors de l'exposition à des indices évoquant ou ressemblant à un aspect de l'événement traumatique en cause ; réactivité physiologique de type tachycardie, transpiration, tremblements, etc., lors de l'exposition à des indices évoquant un aspect de l'événement traumatique en cause.

- L'individu présente des conduites d'évitement à l'égard de tout ce qui évoque de près ou de loin le traumatisme : efforts pour éviter les pensées, les sentiments ou les conversations associés au traumatisme ; efforts pour éviter les activités, les endroits ou les gens qui éveillent des souvenirs du traumatisme ; réduction nette de l'intérêt pour des activités antérieurement importantes ; sentiment de détachement d'autrui ou de devenir étranger par rapport aux autres ; restriction des affects, telle que l'incapacité à éprouver des sentiments tendres ; sentiment d'avenir *bouché* concernant la vie professionnelle, conjugale, familiale.

- L'individu présente des manifestations neurovégétatives : sommeil interrompu par des cauchemars intensément vécus ; irritabilité et accès de colère ; difficultés de concentration et d'attention ; hyper-vigilance à l'égard des situations rappelant l'événement ou des nombreuses activités quotidiennes susceptibles de devenir dangereuses ; réactions de sursaut exagérées.

- Ces différentes perturbations entraînent une souffrance significative ou une détérioration du fonctionnement social, professionnel, etc. Ces perturbations se manifestent durant un mois minimum. On parle d'état de stress post-traumatique aigu lorsque la durée des symptômes est inférieure à trois mois, et d'état de stress post-traumatique chronique lorsque celle-ci est égale ou supérieure à trois mois.

⚠ **Attention**

Tous les individus confrontés à un événement traumatique ne présentent pas les symptômes d'un état de stress post-traumatique.

État de stress post-traumatique

Neuf cibles de harcèlement moral au travail sur dix présentent un état de stress post-traumatique, d'après l'enquête de Rouen menée auprès des adhérents de l'Association nationale de victimes de harcèlement psychologique au travail.

Les personnes ayant subi un harcèlement psychologique sur le lieu de travail développent quasiment toutes des réactions psychotraumatiques liées à une violence ressentie en milieu de travail. Ces réactions sont multiples et fréquentes, comme le montre le tableau ci-après[1].

---

1. D'après VIAUX J.-L., « Harcèlement et psychotraumatisme », *Stress et trauma*, 4, 3, 2004.

Symptômes	Fréquence
Réviviscences	96 %
Évitement	85 %
Activation neurovégétative	73 %
Souffrance significative	56,6 %

Le coût social des dégâts causés par les situations de harcèlement professionnel au travail est colossal.

De nombreuses victimes ne demandent pas la réparation de cette souffrance, mais veulent retrouver leur place au travail. De nombreuses cibles de harcèlement souffrent d'une perte sociale et d'une déchirure de leur lien éthique avec l'entreprise.

Aide et soutien aux cibles de harcèlement

L'aide vient essentiellement de l'extérieur de l'entreprise : les cibles obtiennent du soutien principalement dans le cercle familial, amical et médical. Elles sont soutenues par leur famille dans 60 % des cas, puis par leurs amis dans 36 % des cas, selon l'enquête alsacienne du docteur Seiler.

Les cibles sont soutenues par les psychiatres dans 42 % des cas et les médecins traitants dans 42 % des cas, d'après l'enquête de M.-F. Hirigoyen.

Le soutien interne à l'entreprise est minoritaire et quand il existe, les collègues sont les principaux soutiens aux cibles de harcèlement. Les collègues manifestent une attitude de soutien dans 30 % des cas, selon l'enquête de Rouen, et ce taux chute à 5,7 % pour le soutien apporté par les Directions de ressources humaines (DRH).

Les collègues aident les cibles de harcèlement dans 20 % des cas d'après l'enquête de M.-F. Hirigoyen et les DRH apportent un soutien dans 1 % des cas.

Il ressort de ces statistiques qu'un énorme effort d'information reste à faire sur le lieu de travail car l'isolement des cibles aggrave les conséquences psychologiques du harcèlement. L'entourage des cibles doit être incité à rompre le silence, tout comme les cibles doivent oser parler et sortir de leur mutisme.

À noter

Rappelons qu'au travail, les cibles de harcèlement peuvent trouver une aide auprès des comités d'hygiène, de sécurité et des conditions de travail (CHSCT), composés de représentants du personnel et de membres de la direction. Ils contribuent à la protection de la santé et de la sécurité des salariés, disposent d'un droit d'alerte en cas de danger pour une personne et peuvent inscrire un risque professionnel prioritaire lors d'un harcèlement moral. Ces comités existent uniquement dans les établissements de plus de cinquante salariés.

Anxiété, trouble anxieux et état dépressif

L'anxiété

L'anxiété n'est pas pathologique en tant que telle mais le devient en raison de son intensité et de sa chronicité. Une anxiété modérée peut être stimulante pour l'activité et garante d'une réussite, d'une performance satisfaisante ou exceptionnelle. À l'inverse, lorsque l'anxiété persiste et s'intensifie, elle devient invalidante. La limite entre l'anxiété nécessaire et l'anxiété pathologique dépend du seuil de tolérance individuel et de la perception de l'anxiété comme souffrance. L'anxiété des victimes de harcèlement s'amplifie au fur et à mesure de l'exposition au harcèlement, aboutissant parfois à un trouble anxieux.

Le trouble d'anxiété généralisée

Il s'agit d'un trouble où l'anxiété est persistante ; elle ne survient pas dans une situation déterminée mais elle est associée à un sentiment de nervosité, un tremblement, une tension musculaire, une transpiration abondante.

Le sujet souffrant de trouble d'anxiété généralisée éprouve :

- des soucis excessifs, durant six mois au moins, concernant les activités scolaires, professionnelles, etc. ;
- une difficulté à contrôler ses soucis ;
- trois symptômes au moins parmi les suivants : agitation, fatigabilité, irritabilité, difficultés de concentration et de mémoire, tension musculaire, troubles du sommeil ;
- une souffrance significative ou une perturbation du fonctionnement social, professionnel, etc.

Le trouble d'anxiété généralisée semble plus fréquent chez les femmes. L'évolution du trouble d'anxiété généralisée est souvent compliquée d'épisodes dépressifs (50 à 55 % des cas), dont les formes sont multiples, comme l'expose le paragraphe suivant.

Les états dépressifs

Ils sont caractérisés par des idées pessimistes, des symptômes somatiques, des pensées suicidaires, un ralentissement psychomoteur, une humeur triste.

Le ralentissement psychomoteur

Le sujet déprimé présente une démarche ralentie. Le débit verbal est ralenti, le ton est monotone ; les propos sont brefs et entrecoupés de pauses ou de soupirs ; les réponses à l'interlocuteur sont écourtées. L'individu déprimé souffre d'une grande fatigue ou asthénie qui ne cède pas au repos : « *Je me repose toute la journée mais je n'ai plus de force pour rien.* »

Les manifestations intellectuelles

Les cibles de harcèlement se plaignent de perte de mémoire, de difficultés de concentration, etc. Ces symptômes mettent à mal les compétences professionnelles et la qualité des relations interpersonnelles au point d'amener la cible de harcèlement à l'arrêt de travail.

Les idées dépressives

Celles-ci concernent la personne, l'avenir et l'environnement. Ces trois éléments constituent la *triade cognitive de la dépression* :

— la conception que le sujet se fait de lui-même est négative : sentiments d'infériorité, auto-dévalorisation, auto-accusation, perte de l'estime de soi ;

— la vision de l'avenir se réduit aux seules possibilités pessimistes ;

— la vision du monde est déformée par la négativité. Les relations du sujet déprimé avec son entourage sont teintées de sentiment d'impuissance à agir. Elles peuvent se charger d'hostilité lorsque l'entourage presse le sujet à réagir et lui demande de faire des efforts. Le sujet déprimé a le sentiment d'être incompris, maltraité par son entourage.

L'aboutissement extrême des idées dépressives est la tentative de suicide.

Les idées suicidaires

Les idées suicidaires sont caractéristiques des dépressions. Chaque année en France, environ 12 000 personnes décèdent par suicide : 60 % d'entre eux sont liés à un état dépressif. Le suicide représente une évolution de la dépression.

Les symptômes somatiques

Les troubles peuvent être alimentaires, sexuels, des troubles du sommeil, des plaintes somatiques, de l'anxiété.

La fréquence de la dépression

Elle est estimée à environ 12 à 15 % de la population générale[1]. Les statistiques de la dépression sont comme un iceberg dont la partie émergée représente la population qui consulte pour dépression tandis que les deux tiers inférieurs, c'est-à-dire la partie immergée, sont représentatifs de la souffrance dépressive de la population générale,

---

1. MEZERAI M., DAHANE A., TACHON J.-P., « Dépression dans le milieu du travail », *La presse médicale,* 35, 2006.

qui ne consulte pas. Le risque d'avoir une dépression majeure au cours de la vie varie, selon les études, de 10 à 25 % pour les femmes et de 5 à 12 % pour les hommes. L'épisode dépressif peut être léger, moyen, sévère. De nombreux questionnaires permettent d'évaluer l'humeur dépressive, les idées suicidaires.

Le coût de la dépression

Les dépenses publiques occasionnées par le traitement de la dépression se situent entre 30 et 44 milliards de dollars, d'après le Bureau international du travail. Plus d'un adulte sur dix en âge de travailler est atteint chaque année, ce qui représente une perte annuelle d'environ 200 millions de journées de travail. Les pays de l'Union européenne consacrent entre 3 et 4 % de leur produit intérieur brut (PIB) aux problèmes de santé mentale.

La dépression

Les états dépressifs sont extrêmement fréquents chez les personnes cibles de harcèlement moral au travail.

Les statistiques montrent que 70 % à 100 % des cibles de harcèlement souffrent d'états dépressifs d'intensité sévère, modérée ou légère. Les dépressions occupent une place prédominante dans les psychopathologies professionnelles, et ce dans les différentes enquêtes. Ces statistiques montrent que le harcèlement cause des psychopathologies graves.

De plus, il faut savoir que la cible de harcèlement cache parfois ses symptômes à ses proches car elle se responsabilise et culpabilise de ne pas être capable de faire face ou de ne pas être à la hauteur des attentes de sa hiérarchie.

Les thérapies cognitives et comportementales des dépressions[1] connaissent un regain d'intérêt actuellement et présentent une efficacité indéniable dans les troubles dépressifs, anxieux ou anxio-dépressifs.

---

1. Association française de thérapie comportementale et cognitive.

Les stratégies de *coping*

Les stratégies de *coping* (de l'anglais *to cope*, affronter, faire face, venir à bout, s'en tirer) désignent la façon de s'ajuster aux situations difficiles ou stressantes. Les stratégies de *coping* peuvent être aussi bien des pensées, des émotions que des comportements.

Le *coping* (ou stratégies d'ajustement) désigne « *les efforts cognitifs et comportementaux, constamment changeants, destinés à gérer les exigences internes et/ou externes spécifiques qui sont perçues comme menaçant ou débordant les ressources d'une personne*[1]. »

Trois types de *coping*

Les trois types de stratégies de *coping* les plus fréquentes sont :

— le *coping* centré sur le problème : toutes tentatives pour contrôler ou modifier la situation ;

— le *coping* centré sur l'émotion : toutes tentatives pour contrôler ou modifier la tension émotionnelle induite par la situation ;

— le *coping* centré le soutien social : toutes tentatives de chercher de l'aide dans l'entourage.

D'autres stratégies d'ajustement au stress sont adoptées par certaines personnes pour faire face à un harcèlement moral au travail ou une exclusion après un licenciement :

— remise en question personnelle (thérapie, travail personnel, changement personnel, etc.) ;

— fuite (sommeil, silence, alcool, cannabis….) ;

— refus de parler de ses problèmes ;

— nier l'existence du problème ;

— reconnaître ses limites ;

— affecter des priorités à ses tâches ;

---

1. LAZARUS R.-S., FOLKMAN S., *Stress, Appraisal and Coping*, Springer, 1984.

– redéfinir les priorités dans sa vie ;
– changer de mode de vie ;
– changer d'orientation professionnelle.

Une stratégie momentanée

Le *coping* est considéré comme un processus spécifique de réaction à une situation stressante, variable dans le temps et variable d'un sujet à l'autre. Le *coping* est une stratégie momentanée et non une disposition stable de la personne. Chaque interaction *personne/environnement* est spécifique, unique, nouvelle, non reproductible. Un même individu optera pour une stratégie d'ajustement pour faire face à une situation à un moment déterminé de sa vie alors que plus tard, face à une situation différente, il choisira une autre stratégie de *coping*.

Efficacité variable des stratégies de *coping*

Aucune stratégie de *coping* n'est efficace en soi car elle dépend d'une part des caractéristiques des situations stressantes comme la durée, l'ancienneté, etc., d'autre part de facteurs personnels tels que les traits de personnalité, la façon dont l'individu perçoit le contexte qu'il affronte ; enfin de la situation elle-même, du soutien social perçu dans l'entourage.

Certaines études montrent une efficacité différente des stratégies de *coping* centrées sur le problème, l'émotion ou le soutien social : un *coping* centré sur le problème a des effets positifs d'autant plus marqués que la situation professionnelle est contrôlable. En revanche, un *coping* centré sur l'émotion s'avère plus efficace si la situation est perçue comme peu contrôlable, et si elle est d'une durée limitée.

Le *coping* joue un rôle modérateur de la relation *événement/détresse émotionnelle.* Le stress ne dépend pas seulement de l'événement ni de l'individu mais est une transaction entre l'individu et l'environnement. Le stress survient lorsqu'une situation est évaluée comme débordant les ressources et pouvant mettre en danger le bien-être de la personne. Le stress est le résultat d'un déséquilibre entre les exigences de la situation provocatrice et les ressources de l'individu pour y faire face.

Exemple : Faire le point sur son parcours

Un individu peut vivre une mutation professionnelle souhaitée comme un problème insurmontable, tandis qu'un autre accueillera la mutation comme une occasion de changement personnel ou comme un challenge à relever.

Une cible de harcèlement décide que la situation insupportable à laquelle elle est confrontée est l'occasion de remettre en question son orientation professionnelle, son parcours professionnel brillant et de prendre le temps de se demander si ce n'est pas l'occasion d'entreprendre un bilan, une formation et une reconversion dans un domaine radicalement différent : *« Après cette expérience douloureuse, j'ai fait un bilan de compétences qui m'a réconforté sur mes compétences professionnelles. Je me sens plus fort après cette expérience. Ça m'a permis de faire le point sur les choses importantes et de relativiser le travail. »*

Un événement n'est pas en tant que tel source de stress car tout dépend de l'enjeu de l'événement en question.

Dans un premier temps, la personne évalue l'enjeu de la situation en termes négatifs ou positifs. La situation peut être évaluée soit négativement, en termes de perte (corporelle, matérielle, relationnelle..), de menace (possibilité d'une perte), de préjudice (préjudice causé à l'estime de soi) ; soit positivement, en termes de défi ou de challenge (possibilité d'un bénéfice) ou de gain pour la personne. L'évaluation d'une perte ou d'une menace génère des émotions négatives telles que la honte, la colère ou la peur, tandis que l'évaluation d'un défi engendre des émotions positives, telles que l'euphorie, la passion.

Ensuite, l'individu évalue les efforts nécessaires pour faire face à la situation, les ressources à sa disposition pour remédier à la perte, prévenir la menace ou obtenir un bénéfice. La personne évalue les ressources de *coping* et les options dont elle dispose.

Face à un harcèlement, la cible peut réagir de quatre manières différentes :

— en fuyant ;

— en cherchant une situation de remplacement ;

— en persistant et en acceptant tous les inconvénients ;

— en se défendant.

Face à une situation de harcèlement moral au travail s'applique la formule : « *Fuir, faire face ou se soumettre* ». Certaines propositions de cette formule sont inenvisageables dans certains cas. En effet, certaines situations sont telles qu'aucune personne ne dispose des ressources pour y faire face.

À noter

Dans certains cas, les facteurs d'agression émanant du milieu nécessitent un potentiel adaptatif qui excède les moyens de la plupart des individus. Tel est le cas des situations critiques ou extrêmes (guerre, séisme), qui constituent des stimuli de forte intensité et durables, face auxquels certains individus manifestent une capacité d'adaptation inattendue, véritable « *ressort invisible* » qui explique la mobilisation d'un potentiel de ressources inapparent dans les situations ordinaires de la vie.

Questionnaire 7 : Connaissez-vous vos stratégies d'ajustement au stress (ou *coping*) ?

Consigne

Comme le harcèlement moral au travail est une situation difficile à vivre, il existe plusieurs manières d'affronter cette situation et d'y faire face. Pour chaque proposition, cochez « oui » si elle décrit ce que vous faites, pensez, ressentez face à une situation difficile.

Face à une situation stressante ou difficile	NON	OUI	Face à une situation stressante ou difficile	NON	OUI
1 - je me bats et défends mon point de vue			16 - j'espère qu'un miracle se réalise		
2 - je regarde la situation en face			17 - je me critique		
3 - je règle un problème après l'autre			18 - j'essaie de tout oublier		
4 - je fais le maximum pour atteindre l'objectif que je me suis fixé			19 - je pense à des situations fantastiques		
5 - j'explore toutes les solutions possibles			20 - j'espère que la situation va cesser		
6 - j'établis un plan d'action et j'agis			21 - je cherche le soutien de certains collègues		
7 - je tente plusieurs solutions pour résoudre un problème			22 - je demande des conseils à une personne compétente		
8 - je me concentre sur un bénéfice ultérieur, une conséquence positive			23 - je parle à quelqu'un qui peut agir concrètement		
9 - je me demande ce que peut m'apprendre la situation			24 - j'accepte la sympathie et la compréhension d'autrui		
10 - j'essaie de ne pas agir de manière précipitée			25 - j'exprime ce que je ressens à un ami		
11 - je me fais la morale			26 - je prends conseil auprès d'un professionnel		
12 - je suis mal d'être dans cette situation			27 - je rencontre un expert		
13 - je me culpabilise			28 - je recueille des avis divergents		
14 - je me sens responsable de la situation			29 - je m'informe		
15 - j'attends et espère qu'un changement va se produire			30 - j'essaie de ne pas m'isoler		

Calculez vos scores

Comptez le nombre de réponses « oui » aux dix premières proposi-tions, aux dix suivantes, puis aux dix dernières. Inscrivez ce nombre dans le tableau ci-dessous.

Propositions	Nombre de OUI
1 à 10	
11 à 20	
21 à 30	

Les dix premières propositions évaluent le *coping* centré sur le problème.

Les dix propositions de 11 à 20 estiment le *coping* centré sur l'émotion.

Les dix dernières propositions mesurent le *coping* centré sur la recherche de soutien social.

Le score maximal indique la stratégie que vous privilégiez.

Face à une situation de harcèlement moral, les stratégies de *coping* les plus adaptées sont les stratégies centrées sur le soutien social ou centrées sur la recherche de solution.

Si le *coping* centré sur l'émotion est le plus élevé, relisez les stratégies de *coping* centrées sur le soutien social (21 à 30) et le *coping* centré sur le problème (1 à 10) pour vous les approprier et les appliquer dans votre travail.

Réactions de l'entourage professionnel

Un rôle essentiel

Le contexte et l'entourage professionnel jouent un rôle essentiel dans le harcèlement moral car, même dans sa forme individuelle où deux individus s'affrontent, l'agression se déroule toujours dans une collectivité, un groupe, que ce soit une entreprise, une association ou une administration. La dimension sociale du harcèlement moral est caractéristique. La prise en compte du contexte professionnel est indispensable si l'on veut comprendre la spécificité du phénomène. En effet, les réactions de l'entourage professionnel sont décisives non seulement pour la cible, mais aussi pour le harceleur, car elles ont le pouvoir de légitimer les agressions du harceleur et de condamner socialement la victime ou, à l'inverse, de soutenir la cible de harcèlement et condamner les agissements hostiles du harceleur. La solidarité envers la cible est une attitude de soutien social, contrairement au silence et à l'attentisme, qui sont des stratégies condamnatrices. La cible vit le silence de l'entourage professionnel comme un soutien aux harceleurs et une non-assistance à personne en danger. Le silence est un soutien passif au harceleur (conformément au dicton : « *Qui ne dit mot consent.* ») et une condamnation active de la cible, qui est rejetée par son groupe d'affiliation professionnelle.

Illusion de la neutralité

La neutralité, lors de harcèlement moral, est un leurre. Elle est une forme de participation et de complicité passive. Un harcèlement moral s'installe dans un environnement professionnel qui le permet pour des raisons très diverses : certaines personnes ont intérêt à supprimer la personne cible pour profiter d'avantages professionnels après l'éviction de celle-ci ; les directions sont particulièrement laxistes et fuient la gestion de conflits ; le harceleur s'octroie un pouvoir et les faveurs des uns et des autres qui seront récompensés une fois le travail de destruction psychologique de la cible achevé, etc. Toutes ces réactions relèvent d'une « passivité complice ». La neutralité n'existe pas. Les raisons invoquant la neutralité masquent des motivations conscientes (obtenir le poste libéré par le départ de la cible, reprendre le pouvoir laissé par la cible évincée) et des motivations plus inconscientes comme le plaisir à contempler les agissements hostiles répétés, un plaisir à être au premier rang de l'éviction d'un rival, la convoitise du poste de la cible, un plaisir sadique de voir autrui souffrir, une jouissance d'être spectateur de la mort psychique d'autrui, etc. Tout harcèlement réveille notre potentiel de perversité latente et interpelle chacun de nous sur sa collaboration silencieuse, complice, passive à un processus destructeur. Ces différentes motivations, conscientes ou inconscientes, ne sont en aucun cas dicibles et traduisibles en termes de motifs de licenciement. Pourtant, de telles motivations reposant sur l'envie et le potentiel humain voyeuriste, sadique ou pervers sont à l'origine de nombreuses situations de harcèlement qui réveillent et activent dans un contexte de domination/ soumission ces tendances humaines archaïques inconscientes.

À noter

Le déni est un mode de défense fréquent lors de situations de harcèlement moral. Il s'agit de nier les faits, en dépit de toutes les évidences. Il s'agit en somme d'un refus et d'une incapacité de regarder les choses en face, qui se traduit par une banalisation des violences et des souffrances qu'elles occasionnent.

---------- **En résumé** ----------

Le harcèlement entraîne une dégradation des conditions humaines, relationnelles et matérielles du travail pouvant altérer gravement la santé physique ou mentale des cibles. Le harcèlement peut détruire psychiquement la victime, c'est-à-dire provoquer un état de stress post-traumatique avec son cortège de symptômes anxio-dépressifs et psychosomatiques, pouvant conduire la personne au suicide. Le harcèlement compromet souvent l'avenir professionnel des victimes. La situation professionnelle immédiate de la victime de harcèlement est mise à mal, ainsi que ses possibilités de reclassement futur. Le prix à payer pour la cible est colossal à court terme et à long terme. Le harcèlement touche non seulement les salariés, mais aussi leur entourage, leur famille. Le harcèlement fait des dégâts collatéraux chez les conjoints et les enfants. Il est responsable de séparations, de divorces et de suicides.

Le harcèlement est également ruineux pour la société tout entière et pour l'entreprise car la productivité, la créativité et l'investissement au travail sont amoindris. Tous les spécialistes s'en alarment et expriment combien il est impossible d'évaluer vraiment les effets globaux du harcèlement sur la société et l'entreprise.

Chapitre 6

Prévenir et punir
le harcèlement

La médiatisation du harcèlement a entraîné une assimilation de toutes les plaintes professionnelles à des formes de harcèlement moral. Ainsi, des problèmes relationnels, des conflits, des inimitiés sont qualifiés à tort de harcèlement. Pour envisager des solutions adaptées aux différentes formes de harcèlement moral, il faut identifier les facteurs réellement propices et rejeter les facteurs fantaisistes, ainsi que les prétextes énoncés par certains harceleurs pour justifier leurs agissements.

Dans un premier temps, nous questionnerons certains prétextes de harcèlement et préciserons les facteurs organisationnels propices au harcèlement moral au travail.

Ensuite, les salariés, managers ou non, pourront tester, à l'aide de deux questionnaires, l'ambiance de travail, le style managérial, leurs modalités de prises de décision, leur mode de management, etc. Enfin, des suggestions seront exposées pour :

— améliorer l'ambiance de travail, modifier le management ;

— prévenir le harcèlement ou stopper les agissements hostiles.

Le harcèlement : des causes professionnelles ?

Plusieurs facteurs professionnels incriminés dans le harcèlement jouent un rôle indéniable : l'absence de gestion des conflits, l'aveuglement des directions des ressources humaines, le management productiviste négligeant toute dimension humaine, l'organisation bureaucratique, le climat de travail, etc. En revanche, le harcèlement est parfois justifié à l'aide de raisons professionnelles qui sont de faux prétextes.

Ainsi, la réforme des 35 heures a pu être qualifiée d'*harcélogène* en raison de l'élargissement de l'amplitude de travail qu'elle imposait aux salariés. Certes, la réduction du temps de travail a modifié les conditions de travail, mais elle ne peut à elle seule être la cause du harcèlement.

Le harcèlement : une gestion tardive des conflits

Les conflits professionnels peuvent dégénérer en harcèlement si la direction des ressources humaines intervient trop tardivement pour résoudre le conflit ou si les témoins (hiérarchie ou collègues) ne tentent rien pour stopper l'évolution du conflit. En effet, l'évolution du conflit en harcèlement n'est pas une fatalité quand les agissements destructeurs du harcèlement sur le lieu de travail sont identifiés et pris en considération à temps. Toutefois, mettre fin au harcèlement relève d'une décision volontaire et d'une prise de conscience de chaque partenaire impliqué sur le lieu d'exercice de ces agissements hostiles. Le harcèlement implique donc une responsabilité hiérarchique et partagée. L'employeur a certes l'obligation légale de prévenir le harcèlement mais chaque salarié ou agent joue un rôle dans les situations conflictuelles au travail, dans la mesure où le silence est une participation communicative.

⚠ **Attention**

Le conflit n'est pas une simple dispute mais une confrontation entre un harceleur et sa cible qui lui révèle son insuffisance, son incompétence, ses faiblesses professionnelles et psychologiques. Ainsi, lorsqu'une cible est plus compétente que son harceleur, ce dernier se sentant démasqué déploie une violence destructrice et recherche des alliances auprès d'autres incompétents. Dans ce cas, le harcèlement vise à masquer l'incompétence des harceleurs réunis sur la base d'une coalition contre la compétence. Parfois, les harceleurs vont jusqu'à accuser les cibles compétentes d'incompétence. En réalité, l'envie de la compétence d'autrui est au cœur de ces logiques de meute.

Provoquer le conflit

Lorsque le harceleur avance masqué, cultive le non-dit, privilégie l'évitement de tout face-à-face, de toute rencontre, de tout échange en présence de la cible concernée, il faut provoquer le conflit ouvert où les reproches sont nommés, et les interlocuteurs reconnus. Dans le harcèlement, les informations circulent par messagerie électronique, les rendez-vous sont annulés et reportés et toute communication véritable, *in vivo,* est empêchée. Par conséquent l'unique façon de stopper le harcèlement est de provoquer un conflit ouvert, de forcer la parole, sachant que le harceleur évite tout échange franc et direct.

Provoquez la rencontre et le face-à-face et vous découvrirez la peur de votre agresseur, qui tentera de fuir. Il s'agit pour vous de stopper l'évitement de la confrontation et de créer le face-à-face en présence d'un témoin. Dévoiler les non-dits, refuser les silences imposés, dénoncer les disqualifications, rectifier les mensonges, démasquer les manipulations de la communication, énoncer les informations tronquées ou déformées sont des grains de sable capables de gripper la spirale infernale des agissements hostiles. Faire la lumière en matière de communication, c'est imposer la transparence des informations.

Gestion du conflit

Chaque jour de travail a son lot de tensions, ses causes de frictions et d'oppositions. Les occasions d'être en conflit avec un ou des collaborateurs sont légion. L'accord parfait, l'entente idéale, les projets sans divergences sont des illusions car la vie professionnelle est animée de débats, de désaccords, de rivalités, de combats, d'échecs, de victoires, etc. La gestion de ces processus humains revient aux managers, qui n'ont pas toujours la compétence ou le courage d'affronter les situations conflictuelles.

Certains managers ignorent l'apport positif de certaines situations conflictuelles, ainsi que le bénéfice de la verbalisation collective du conflit. Ils ont très peur du conflit, qu'ils nient ou fuient. Le déni ou l'évitement du conflit s'illustre à travers la peur d'utiliser le terme même de « conflit », véritable mot tabou qu'il est quasiment interdit de prononcer dans certaines organisations : il est logiquement impossible à un manager qui craint le conflit de permettre à son équipe de parler le conflit.

Or le mode de management a une responsabilité indéniable dans l'ampleur du harcèlement professionnel, car les harceleurs pervers solitaires sont rares et voient leur champ d'action considérablement limité par une direction qui assume son obligation de prévention et fait appliquer la législation condamnant les agissements hostiles. Or, de nombreux dirigeants ou managers ignorent le rôle du management dans la gestion du harcèlement.

Facteurs organisationnels

Certaines caractéristiques organisationnelles comme le climat de travail, le style de management, le climat de justice ou d'injustice, etc., induisent le harcèlement.

Le harcèlement existe lors de restructuration, de fusion, d'absorption d'entreprises ou au moment d'un changement d'orientation managériale. C'est pourquoi la compréhension du processus doit prendre en considération l'évolution récente de la réalité du travail, sachant que les plans sociaux ont augmenté, en France, de 20 % en 2003 par rapport à 2002[1].

Dans l'entreprise, le harcèlement collectif, organisationnel, stratégique ou institutionnel s'inscrit dans une véritable stratégie de management en vue d'imposer de nouvelles règles de fonctionne-

---

1. Direction de l'animation de la recherche des études et des statistiques (DARES), *Management*, 106, février 2004.

ment, de nouvelles missions ou de nouvelles orientations. Les formes institutionnelles ou stratégiques de harcèlement impliquent claire-ment l'organisation du travail.

Style managérial et harcèlement

Le harcèlement est lié à certains styles de management. Un style managérial centré sur la production favorise davantage l'émergence de harcèlement qu'un style managérial centré sur les relations humaines.

Un style de management directif, c'est-à-dire uniquement centré sur la production et non sur la gestion des relations humaines, induit un état de soumission et favorise un harcèlement de type vertical.

Un style « laisser-faire » peut également induire un harcèlement horizontal dans la mesure où l'absence de cadre, de gestion et de valo-risation insécurise et frustre le personnel, qui va rechercher un bouc émissaire.

Lorsque des salariés sont interviewés sur le caractère juste ou injuste de cas de harcèlement, leur jugement envers les harceleurs dépend du climat de l'entreprise :

– plus le climat est basé sur les procédures ou les objectifs, plus les jugements sont indulgents envers les harceleurs ;

– plus le degré de contrôle est important dans l'entreprise à travers une certaine pression au travail, plus le harcèlement moral est considéré comme un moyen pour pousser les salariés à travailler plus et plus vite.

Il ressort que l'ambiance de travail contribue à légitimer les pratiques harcelantes. En effet, certaines entreprises sollicitent une attitude de soumission au travail

Management et climat de justice

Une relation existe entre le style de management, le sentiment de justice établi par le supérieur hiérarchique et le vécu d'un groupe de travail en termes de harcèlement moral, d'anxiété et de stress. Le sentiment de justice désigne la façon dont le salarié se sent être traité par son organisation. Une enquête[1] a demandé aux salariés d'estimer, à l'aide d'un questionnaire le climat social de l'entreprise, les procédures utilisées pour prendre des décisions et le degré de justice perçu des politiques et pratiques employées dans leur groupe de travail.

Deux styles de management sont distingués :

— un style de management « *considération* » : le management soutient ce que font les subalternes ;

— un style « *structure* » : le management soutient l'organisation, par exemple en encourageant les heures supplémentaires.

Le mode de management et le climat de justice sont liés :

— le management *considération* est lié au sentiment de justice ;

— le climat de justice est jugé moins bon en présence d'un manager privilégiant la *structure* qu'avec un manager moins soucieux de la *structure* ;

— plus le climat de justice est bon, moins il y a de harcèlement ;

— plus le sentiment de harcèlement global est fort, plus le stress et l'anxiété sont importants.

Le management a un impact sur les perceptions du climat de justice. Des comportements de *considération* des managers influencent positivement le sentiment de justice. Plus la *considération* est forte, moins il y a de risque de harcèlement.

Ces observations militent en faveur d'une réhabilitation des relations humaines au travail et de la prise en compte de l'individu. Les solutions se trouvent du côté du respect de la personne au travail et du développement de la qualité des relations humaines.

---

1. MASSON-MARET H., STEINER D. D., « Climat de justice et harcèlement moral : perspectives théoriques et outils de diagnostic », *Psychologie du travail et des organisations,* 10, 9-28, 2004.

À noter

Certains modes de management visent à faire produire plus, mieux ou plus vite. Pour cela, les managers utilisent la mise sous pression : de temps, de productivité, de qualité, d'équipe, etc. Ces finalités productivistes peuvent être associées à des comportements hiérarchiques autoritaires, agressifs, ou abusifs. En effet, certains managers présentent une variabilité dans leur comportement à travers des accès de colère, d'autorité, de violence, etc., mais ces managers ne sont pas pour autant des harceleurs car tout le monde est traité de la même manière, tandis que dans le harcèlement, les agissements hostiles visent une ou quelques cibles désignées.

Implication de la hiérarchie

Tous les experts s'accordent à proclamer qu'il n'y a pas de harcèlement sans implication de la responsabilité hiérarchique. Toute direction désireuse d'empêcher le harcèlement au travail le peut à condition de le décider vraiment, et de sanctionner les auteurs d'agissements hostiles.

L'employeur a l'obligation de prévenir le harcèlement[1], le pouvoir de sanctionner les harceleurs, et l'obligation de résultats. Or il arrive que le management réel ne reflète pas le discours sur le management. Il arrive que l'appétence pour le pouvoir s'accompagne d'une passivité complice des responsables à l'égard d'auteurs d'agissements hostiles, que masquent les discours sur l'éthique, la collégialité, le dévouement, l'altruisme, etc.

Attention

Le monde ne se sépare pas entre d'un côté, les bons (les cibles, les harcelés, les victimes) et de l'autre les méchants (les harceleurs, les managers). Chacun de nous a des potentialités plus ou moins enfouies de violence, d'envie et de perversité, que les situations de tension extrême peuvent activer. Aussi, le conflit ne se réduit pas à deux groupes : l'individu et la direction, le salarié et le manager. De nombreux partenaires participent au harcèlement, que ce soit les collègues, spectateurs qui

---

1. Article L.122-51 du Code du travail : « *Il appartient au chef d'entreprise de prendre toutes dispositions nécessaires en vue de prévenir les agissements visés à l'article L.122-49.* »

tentent le plus souvent d'ignorer la situation, privilégiant l'inaction et l'attentisme.

Harcèlement et nouvelles formes d'organisation du travail

Le harcèlement est associé à de nouveaux rapports de travail caractérisés par l'affaiblissement des collectifs de travail et la déstructuration des solidarités et des groupes d'appartenance, et par la suprématie des valeurs d'excellence.

Les nouvelles formes d'organisation du travail sont considérées comme un élément favorisant le harcèlement car elles ont transformé en profondeur les relations dans les collectifs. La précarité a entraîné l'intensification du travail, neutralisé la mobilisation collective, généré le silence et le chacun pour soi. La peur de perdre son emploi a induit des conduites de domination ou de soumission. La manipulation délibérée de la menace ou du chantage et le harcèlement sont désormais érigés en méthode de management, pour pousser à l'erreur et permettre le licenciement pour faute, ou pousser à la démission.

Les harcelés vivent un isolement subjectif aggravé par l'absence de collectif de travail où la coopération n'existe pas, ni la solidarité. Or, non seulement les témoins de violence au travail n'aident pas leurs collègues, mais les victimes elles-mêmes ont honte de se plaindre et de protester.

La soumission consentie au harcèlement est liée aux valeurs d'excellence empreintes de stakhanovisme, donnant à l'individu l'illusion d'être reconnu par l'intermédiaire de la valeur du travail qu'il produit. Or, ces valeurs induisent une négation de l'être humain, selon la psychologue Desrumeaux-Zagrodnicki[1]. Une culture basée sur la recherche de l'excellence, de la performance, du « zéro défaut », est devenue le « zéro répit » pour le salarié. Ces facteurs sociaux favorisent certaines pratiques qui sont humainement inacceptables et juridiquement répréhensibles. On demande aux salariés

---

1. DESRUMEAUX-ZAGRODNICKI P., « Harcèlement moral au travail. Sortir du silence et créer des liens », *Le Journal des psychologues*, n° 212, 2003.

de s'investir corps et âme dans leur travail, dans un système que Aubert et Gaulejac[1] ont qualifié de « *managinaire,* » qui les transforme en « *esclaves dorés* ».

À l'inverse de l'excellence sévit le nivellement par le bas dans certaines institutions, où les professionnels sont traités comme des pions interchangeables, impersonnels, sans compétence particulière. C'est le règne de l'unicité, que nous appelons « *management united colors* ».

Exemple : Le management *United colors* : « Tous pareils, pas de différence »

Un professeur quitte l'université à la suite d'agressions répétées portant sur son activité de psychanalyste par des collègues psychologues non thérapeutes. La hiérarchie déclare qu'un jeune doctorant assurera les enseignements délaissés par ce psychanalyste. La négation de la compétence du psychanalyste cinquantenaire est d'une grande violence, sachant qu'un psychanalyste a mené une psychanalyse personnelle pendant une dizaine d'années puis une formation d'une durée similaire. Un jeune doctorant de 25 ans ne peut pas égaler un praticien ayant une expérience professionnelle de plusieurs années. La règle managériale illustrée ici est celle de la négation de toute différence et de toute excellence individuelle : un pion est un pion et tous les pions sont interchangeables.

Harcèlement et milieu associatif

Le harcèlement dans le milieu associatif illustre des dysfonctionnements graves dans le management. Nous avons observé dans certaines associations :

– une contradiction entre les missions affichées et les moyens mis à disposition ;

– une rupture entre le discours en externe et la réalité en interne ;

---

1. AUBERT N., DE GAULEJAC V., *Le coût de l'excellence*, Seuil, 1991.

- un décalage entre la transparence annoncée et l'opacité de l'information dans la réalité ;
- un clivage entre des règles de bonne gouvernance des bénévoles et le climat de menace et de peur vécu par les salariés ;
- une opposition entre la collégialité prônée et la domination-soumission exigée ;
- une contradiction entre l'intention généreuse et le management despotique ;
- un paradoxe entre la bonne cause et la maltraitance des salariés ;
- une divergence entre l'engagement dans la modernité et le management monarchique ;
- un désaccord entre les valeurs de partage et la concentration du pouvoir.

Le harcèlement au travail dans les associations révèle au grand jour les défaillances en matière de management et de gouvernance, le manque de professionnalisme, les modalités *putchistes* de prise de décision, les luttes *claniques* de pouvoir, les satisfactions individuelles pseudo-altruistes, etc.

À noter

L'abus de pouvoir est un ingrédient nécessaire mais pas suffisant pour parler de harcèlement. Une lutte pour le pouvoir est légitime entre individus rivaux s'il s'agit d'une compétition où chacun a sa chance et où la loyauté est la règle. Cependant, certaines luttes sont d'emblée inégales quand par exemple l'abus de pouvoir est opéré par un groupe contre un individu ou quand un supérieur hiérarchique écrase ses subordonnés de son pouvoir.

L'abus de pouvoir est très prisé des responsables intermédiaires, comme les petits chefs qui veulent se valoriser et surestiment leur pouvoir. En principe, l'auteur de l'abus ne vise pas systématiquement le même individu car il ne change pas d'attitude ou de façon d'être en fonction des interlocuteurs. Plusieurs salariés sont visés par de telles attitudes abusives. En revanche, le harcèlement vise une ou plusieurs cibles désignées et cherche à réduire la cible à l'état d'impuissance, pour ensuite l'agresser en toute impunité, l'évincer sans qu'elle puisse riposter.

Questionnaires : dans votre travail, l'ambiance est-elle satisfaisante ?

Un premier questionnaire teste l'ambiance au travail. Il s'adresse à tous les professionnels : salariés, managers ou dirigeants (questionnaire 8).

Ensuite, un second questionnaire propose aux managers de tester leur style managérial et permet aux autres salariés d'évaluer le style managérial de leur responsable hiérarchique (questionnaire 9).

Questionnaire 8 : Évaluer l'ambiance de travail

Consigne

Attribuez à chaque proposition décrivant l'ambiance de travail une note de 0 (totalement faux) à 10 (totalement vrai).

Dans votre entreprise ou institution	0	1	2	3	4	5	6	7	8	9	10
Les droits des salariés ou des agents sont une réelle préoccupation											
Les décisions prises en groupe sont respectées											
Les responsables s'efforcent d'être justes envers les salariés											
Les règles morales sont respectées											
Les décisions sont prises après consultation et discussion											
La possibilité de modifier les décisions concernant une ou des personne (s) est laissée aux intéressés											
Les décisions prises sont argumentées et expliquées aux personnes concernées											
Les salariés ou les agents se sentent reconnus et respectés											
Le souci d'être juste est réel											
Le climat social est agréable											

Analysez vos scores

Rejoindre d'un trait vos scores aux dix propositions pour obtenir un profil d'ambiance au travail :

— plus le profil est à droite, plus le climat social de votre entreprise ou institution est orienté vers la justice sociale ;

— si le profil est plutôt à gauche, l'ambiance de travail n'est pas satisfaisante. Il est urgent d'améliorer le climat de travail en optimisant quelques-unes des propositions énoncées dans le questionnaire.

Questionnaire 9 : Évaluer le style managérial

En tant que manager, pensez-vous privilégier un style managérial centré sur :

— la considération d'autrui ?

— la production ?

En tant qu'employé, pensez-vous que votre manager privilégie un style managérial centré sur

— la considération d'autrui ?

— la production ?

Le questionnaire ci-dessous peut être complété soit par un manager qui évaluera son propre style managérial, soit par une personne désireuse d'évaluer le mode de management de son responsable.

Consigne

Évaluez chacune des 40 propositions suivantes en utilisant l'échelle ci-dessous et en inscrivant une croix [X] dans la case correspondante.

. . . . 0 . . . . 1 . . . . 2 . . . .
　　　　　Désaccord　　　　　　Neutre　　　　　　Accord

Votre manager ou vous-même comme manager	0	1	2	Votre manager ou vous-même comme manager	0	1	2
1 - accepte les compromis				21 - mène les collaborateurs avec fermeté			
2 - écoute les suggestions				22 - encourage les heures supplémentaires			
3 - écoute les idées des autres dans les réunions				23 - critique le travail médiocre			
4 - accepte les remises en question				24 - ne discute pas du travail qui devrait être fait			
5 - critique les productions et non les personnes				25 - n'attend pas que les collègues fassent des propositions			
6 - reconnaît les membres de l'équipe comme des égaux				26 - demande toujours de travailler plus, plus vite			
7 - aide à trouver des solutions aux problèmes personnels				27 - insiste sur les échéances			
8 - rend des services à ses subalternes				28 - insiste sur les efforts à fournir			
9 - parle au préalable avec ses collaborateurs avant de changer les activités des membres du groupe				29 - décide seul du travail			
10 - étudie les suggestions de changement				30 - ne laisse pas autrui faire son travail comme il veut			
11 - écoute avec intérêt les nouvelles idées				31 - augmente le rythme de travail			
12 - cherche un accord collectif sur les affaires importantes				32 - privilégie le groupe, la production			
13 - consulte le groupe				33 - ne réunit pas régulièrement les collaborateurs			
14 - explique ses actions				34 - fait travailler ses collaborateurs au maximum de leurs possibilités			

Votre manager ou vous-même comme manager	0	1	2	Votre manager ou vous-même comme manager	0	1	2
15 - soutient ses subalternes				35 - assigne aux collaborateurs des tâches particulières			
16 - écoute les propositions de tous ses subalternes				36 - impose ses points de vue			
17 - consulte tous les membres concernés par chaque action				37 - exige le respect des procédures			
18 - cherche à appliquer les suggestions proposées par ses collaborateurs				38 - place l'intérêt du groupe avant celui des individus			
19 - valorise le travail de ses subalternes				39 - demande des sacrifices pour le bien-être du groupe			
20 - réunit régulièrement ses collaborateurs pour discuter des changements				40 - impose ses décisions			
TOTAL (1 à 20)				TOTAL (21 à 40)			

Analysez vos scores

Management centré sur la considération d'autrui

Rejoindre tous vos scores aux propositions allant de 1 à 20 pour dessiner le profil « *management centré sur la considération d'autrui* ».

Plus le profil se situe à droite, plus le style de management est centré sur la considération des autres (score 2).

Plus votre profil se situe à gauche plus le style management est éloigné de la considération d'autrui (score 0).

Management centré sur la production

Rejoindre vos scores aux propositions allant de 21 à 40 pour dessiner le profil « *management centré sur la production* ».

Plus le profil se situe à droite, plus le style de management est centré sur l'organisation de l'entreprise (score 2).

Plus votre profil se situe à gauche (0), plus le style management est éloigné de l'organisation et proche des individus (score 0).

Consignes aux managers

Comparez votre score « *management centré sur la considération d'autrui* » et votre score « *management centré sur l'organisation* ».

Si votre style managérial est peu centré sur la considération, cherchez à appliquer quelques-unes des propositions présentées dans le questionnaire en vue de modifier votre style managérial. Lisez les résultats des recherches montrant le rôle du type managérial sur le harcèlement et exposés ci-après.

Si votre style managérial est trop centré sur les préoccupations organisationnelles au détriment des personnes, cherchez à développer les attitudes tournées vers vos collaborateurs.

Consignes aux non-managers

Ce questionnaire vous permet de focaliser votre attention sur le style de management de votre organisation ou institution, d'intégrer votre évaluation de votre responsable dans son contexte global et d'adopter un point de vue global, systémique et organisationnel.

Si vous décrivez un profil managérial de votre responsable peu centré sur la considération d'autrui, essayez d'illustrer chaque proposition à l'aide d'un exemple concret. Ainsi, votre évaluation sera objectivée par un fait réel et précis et ne consistera pas en une estimation subjective et intuitive.

Le style managérial prévient le harcèlement moral

La qualité de vie au travail et le style de management jouent un rôle indéniable dans l'instauration du harcèlement moral au travail ou dans sa prévention.

Une enquête[1] a testé auprès de trois directions d'entreprises et 265 salariés la qualité relationnelle. (« *On comprend mes problèmes*

---

1. DEPOLO M., GUGLIELMI D., TODERI S., *op. cit.*

personnels. ») ; la qualité organisationnelle (« *Je limite mon engagement dans l'organisation.* ») ; la violation du contrat psychologique (« *Je me sens trahi par mon organisation.* ») ; la perception du risque de harcèlement moral évalué, de « tout à fait improbable » à « très probable » ; les actions négatives visant les salariés victimes, soit de harcèlement personnel, soit de harcèlement lié aux conditions de travail.

Les résultats montrent d'une part que 14 % des salariés ont été victimes au moins d'une action négative potentiellement harcelante, et d'autre part que les actions négatives touchant les conditions de travail sont plus nombreuses que les actions visant la personne.

À noter

Une relation forte existe entre le risque de harcèlement moral au travail et une violation ressentie du contrat psychologique relationnel, défini comme l'ensemble des croyances du salarié concernant les promesses faites de manière plus ou moins explicite par l'organisation.

Il est recommandé aux managers de porter une attention particulière au *sentiment de justice ressentie*, c'est-à-dire à la façon dont le salarié estime être traité par son organisation. Une entreprise ou une administration où les salariés pensent que des harceleurs peuvent agir sans être inquiétés est un milieu favorable à la manifestation d'actions négatives mettant en cause la qualité du climat de travail et tous les facteurs liés comme l'engagement, la satisfaction au travail, etc. Des actes isolés de petite violence constituent une base potentielle pour des agressions plus importantes, laissant croire qu'il existe une tolérance de la part de l'organisation. Les responsables des ressources humaines doivent prendre note que les violations associées au risque de harcèlement moral au travail concernent le domaine relationnel et les échanges fondés sur un rapport de confiance et d'engagement. L'éthique individuelle vacille chez certaines cibles ou s'effondre chez d'autres quand les valeurs professionnelles sont devenues inhumaines ou insensées.

🔍 À noter

Les enquêtes sur le malaise au travail[1] et sur le harcèlement mettent en évidence des problèmes relevant du management en ce qui concernent le climat d'injustice au travail, le manque de considération d'autrui, l'impunité des auteurs d'agissements hostiles. Les salariés souhaitent davantage de justice au travail, de considération, d'éthique, de protection de leur santé, dont sont responsables les employeurs.

Des responsabilités partagées

Les responsables dans le processus de harcèlement sont nombreux, car le harceleur solitaire est rare et quand il sévit, il ne peut harceler que dans les organisations qui le lui permettent. En conséquence, les dirigeants, les managers, les collègues, les harceleurs et les témoins sont autant d'acteurs impliqués dans une situation de harcèlement contre une ou des cibles. Le harcèlement implique des acteurs multiples et se déploie sous différentes formes, qui à terme responsabilisent plusieurs partenaires.

Parfois, le harcèlement est exercé par un individu, pervers narcissique, obsessionnel ou paranoïaque, et dans ce cas la responsabilité revient soit au harceleur et à son mode de fonctionnement psychologique, soit à la cible, à son masochisme, sa complicité, sa personnalité pathologique.

Parfois, le harcèlement est collectif, c'est-à-dire organisationnel, stratégique, institutionnel ou professionnel, et la responsabilité revient au collectif de travail, à l'organisation du travail, aux modes de management.

Mais le plus souvent, le harcèlement est mixte : à la fois individuel et collectif, et sa complexité exige une approche globale reconnaissant une responsabilité partagée par tous les acteurs du travail, qui ont chacun une possibilité d'agir sur le processus de harcèlement moral au travail. Évidemment, le pouvoir de prévenir le harcèlement et de sanctionner les harceleurs revient à l'employeur, mais les salariés ont

---

1. PHILIPPON T., « Le malaise au travail », *Le Monde*, 1ᵉʳ septembre 2006.

toujours la possibilité de témoigner, de dénoncer les agissements hostiles sévissant dans leur environnement professionnel.

Des solutions multiformes

Le Bureau international du travail recommande une réponse globale et multiforme, car la violence au travail touche la moitié des professionnels, à l'échelle mondiale. Le « *nouveau visage de la violence au travail*[1] » provient d'un ensemble de causes qui incluent l'individu, le milieu et les conditions de travail, les rapports entre employés, les rapports entre ces derniers et les clients, et enfin les rapports entre la direction et les employés. La réponse à la violence doit être multiforme, c'est-à-dire à la fois :

— préventive : il faut étudier les causes de la violence et pas seulement ses effets ;

— ciblée : il est impossible de s'attaquer à tous les types de violence en même temps ;

— immédiate : afin de juguler les effets de la violence, il est nécessaire de prévoir à l'avance la tactique à adopter sur-le-champ ;

— participative : il faut impliquer directement ou indirectement toutes les personnes mêlées à la violence, y compris la direction, les collègues et les victimes elles-mêmes ;

— basée sur le long terme : un suivi est nécessaire car les conséquences de la violence se manifestent aussi sur le long terme et qu'une réponse exclusivement immédiate ne suffit pas.

À noter

Répondre de manière globale au harcèlement exige d'avoir identifié les causes et les conséquences des agissements hostiles, les partenaires du

---

1. Bureau international du travail, rapport sur la santé mentale au travail, « En Allemagne, aux États-Unis, Finlande, Pologne, Royaume-Uni, le coût du stress professionnel augmente et la dépression est une pathologie de plus en plus courante. », octobre 2000.

processus de harcèlement, et de traiter le contexte responsable de la production de la souffrance psychologique au travail.

⚠️ **Attention**

Pour identifier les causes de la violence dans une organisation profession-nelle, et non ses effets pathologiques ou ses conséquences somatiques et psychosomatiques sur les cibles, il faut faire preuve d'objectivité et d'indé-pendance à l'égard des auteurs d'agissements hostiles. Or, dans certaines situations de harcèlement, des agissements hostiles sont utilisés comme modalités de management. En conséquence, la reconnaissance du harcèlement comme accident du travail est une proposition qui permet-trait d'identifier clairement la responsabilité de l'employeur et d'envisager une réparation pour les accidentés psychiques du travail.

Prévenir le harcèlement

Le Conseil économique et social considère que toute violence liée à l'environnement professionnel doit être traitée comme un risque professionnel, ce qui implique la prévention sous la responsabilité des directions d'entreprise ou de services, de la médecine du travail, des comités d'hygiène et sécurité, etc.

Le repérage du processus insidieux de harcèlement est la première étape de la prévention du harcèlement. Puisqu'il y a processus, il est décisif de bien identifier comment il s'installe, ce qui se joue pour la ou les cibles, en vue d'en stopper le cours avant que ne s'installe une souffrance psychologique telle que tout retour à des relations de travail acceptables est impossible. Le repérage des phases du processus est donc une des conditions de la prévention du harcèle-ment qui revient officiellement à l'employeur.

Obligation de prévention de l'employeur

L'obligation de prévention est à la charge du chef d'entreprise ; elle est prévue dans le Code du travail[1] : « Il appartient au chef d'entre-

---

1. Code du travail, article L. 122-51.

prise de prendre toutes dispositions nécessaires en vue de prévenir les agissements visés à l'article L. 122-49[1]. »

Le Code du travail oblige aussi le chef d'établissement à prendre « *les mesures nécessaires pour assurer la sécurité et protéger la santé physique et mentale des travailleurs*[2]. »

Exemple : Décision de justice de la Cour d'appel de Grenoble le 22 avril 2002

L'employeur est reconnu responsable du harcèlement d'une salariée car il n'a pas donné de directives susceptibles de stopper les agissements hostiles : « *Le fait pour l'employeur de ne donner aucun ordre à sa hiérarchie pour faire cesser des agissements hostiles de harcèlement moral à l'encontre d'une salariée rend le licenciement de cette salariée – pour cause de prétendues fautes – imputable à l'employeur*[3]. »

Actions de prévention

Les actions de prévention sont différentes selon qu'il existe ou non des cas de harcèlement dans l'entreprise.

Les institutions représentatives

Dans une entreprise où aucun cas de harcèlement n'est repéré, l'organisation de séances d'information semble être un moyen efficace pour lutter contre l'apparition du procédé. La participation active des institutions représentatives du personnel, relayées par le Comité d'hygiène et sécurité (CHSCT), le comité d'entreprise, les délégués du personnel, est primordiale pour la bonne circulation de l'information et la réflexion au cours des séances.

---

1. « *Aucun salarié ne doit subir les agissements répétés de harcèlement moral qui ont pour objet ou pour effet une dégradation des conditions de travail susceptible de porter atteinte à ses droits et à sa dignité, d'altérer sa santé physique ou mentale ou de compromettre son avenir professionnel.* » Article L. 122-49 du Code du travail.
2. Code du travail, article L. 230-2.
3. « Le harcèlement moral, panorama de jurisprudence », *Performances, 12*, 2003.

La médecine du travail

Si un cas est dévoilé dans l'entreprise, le rôle du médecin du travail est central. Le salarié peut se confier à lui. L'urgence étant de faire cesser le harcèlement, le médecin peut proposer une inaptitude temporaire, une mutation ou un changement de poste. L'information va jouer un rôle actif, important, par conséquent le médecin du travail, dans son rôle de conseiller auprès des salariés et des employeurs, peut exercer une influence déterminante.

Informer et former

La violence au travail ne doit pas être tue mais au contraire, verbalisée et officialisée auprès des différents acteurs de l'entreprise. L'information peut limiter l'extension de la violence au travail. Elle peut aider les victimes à ne pas se culpabiliser d'une faute qu'elles n'ont pas commise et dont elles n'ont pas à assumer la responsabilité. La hiérarchie et les collègues doivent être informés des risques de harcèlement, et des facteurs propices au harcèlement.

Les cibles de violences directes ou indirectes et les professionnels qui les gèrent doivent pouvoir bénéficier d'une formation pour les préparer à mieux comprendre et les aider à affronter les agissements hostiles au travail.

Pour faire face efficacement au processus pernicieux de harcèlement moral au travail, il est indispensable que tous les professionnels apprennent à :

- distinguer les actions relevant d'un conflit des agissements hostiles relevant d'un harcèlement ;
- éviter le dérapage d'un conflit en harcèlement ;
- différencier les formes et les types de harcèlement ;
- intervenir au début du processus ;
- analyser les responsabilités réelles ;
- repérer les facteurs organisationnels, contextuels et individuels ;
- connaître la législation condamnant le harcèlement ;

— consulter les experts (juridiques, psychologiques, médicaux).

Certains responsables craignent qu'une information ou une formation sur le harcèlement favorise l'expression de cas de harcèlement ou suscite des plaintes de harcèlement. Ces attitudes sont justifiées par les propos médiatiques vulgarisant le harcèlement sous des titres accrocheurs qui encouragent la victimisation en englobant les multiples souffrances au travail, sans reconnaître le caractère flou et fourre-tout de la notion de harcèlement. Une information doit donner la parole aux experts ayant approfondi le problème du harcèlement moral au travail. Le harcèlement n'est pas un slogan publicitaire mais un problème de santé publique réel, qu'aucune information ou formation ne produit de toutes pièces. La finalité de toute intervention d'information ou de formation est de sensibiliser chaque professionnel dans son devoir de prévention des agissements hostiles au travail, d'apprendre à chacun à différencier le harcèlement des situations conflictuelles et de limiter la psychologisation des difficultés au travail par des non-psychologues qui utilisent à tort et à travers des termes psychiatriques tels que « pervers narcissique », « cible masochiste », etc.

Le rôle du médiateur

Les antidotes de la violence occulte sont la verbalisation, la transparence de l'information, la médiation. Si la médiation peut remédier au harcèlement, qui peut être médiateur ?

Managers médiateurs

Tout harcèlement entraîne une désorganisation et une baisse d'efficacité, qu'aucun manager ne devrait tolérer. Il lui revient donc de réunir ses subordonnés pour clarifier la situation et y remédier. Les situations de groupe peuvent être facilement apaisées. Pour cela, il suffit souvent de réunir, à l'occasion d'un entretien, les agresseurs et leurs victimes : « *Parmi tous les cas que nous avons étudiés, nous n'en avons trouvé aucun dans lequel un manager n'aurait pu reprendre la situation en main, s'il était décidé à intervenir dès l'apparition du conflit : tous les cas dont nous parlons se sont déroulés sur une période de six mois. Comment un manager peut-il rester six mois – et beaucoup plus – sans réagir ?* [1] »

Le déroulement du processus de *mobbing* n'est ni inéluctable ni inévitable. Il est modifiable. Pour cela, il suffit d'être bien décidé.

Exemple : Une direction qui réussit une médiation favorable à la cible

Une personne cible de harcèlement bénéficie d'un entretien avec la Direction des ressources humaines, qui se montre désireuse de réparer les torts subis et demande à la victime quel poste elle souhaite reprendre. Celle-ci obtient le poste de secrétaire d'un directeur de l'entreprise. Le responsable hiérarchique est totalement satisfait de cette nouvelle collaboratrice et la victime cesse tout traitement médicamenteux prescrit par son médecin généraliste pendant la période de harcèlement.

Médiateur indépendant

La médiation exige l'intervention d'un professionnel indépendant : c'est le médiateur. Un médiateur peut être choisi par les deux parties et doit être incontesté et incontestable. Le manager ne peut être médiateur lorsqu'il est impliqué directement ou indirectement dans le harcèlement, ou engagé dans une relation de dépendance ou d'entente cordiale avec le harceleur. En effet, pour intervenir efficacement dans une situation de harcèlement, le médiateur doit faire preuve de liberté dans la décision, et de libre arbitre.

Cependant le médiateur n'a qu'un pouvoir de conviction. Il est illusoire de croire que le harceleur lâche sa proie à la demande d'un médiateur. Le harcèlement requiert un arbitrage qui a le pouvoir de stopper la dérive destructrice. C'est pourquoi il est nécessaire d'avoir recours à une association ou un représentant de la loi (avocat) ou à une personne indépendante et compétente. Par exemple, l'avocat est une personne sur laquelle le harceleur n'a aucune prise.

---

1. Leymann H., *op. cit.*

Exemple : Un président et son conseil d'administration complices d'un trio pervers

Trois salariés d'une association s'allient pour « avoir la tête » d'un directeur général qu'ils qualifient d'incompétent, de nul, etc. ; ils menacent les salariés qui ne s'allient pas à leur trio pervers ; ils agressent toute personne recrutée par le directeur général ; ils organisent le boycott des réunions convoquées par le directeur général, etc. ; ils demandent une médiation au président de l'association. Ce dernier reçoit et écoute le trio et conclut que trois avis défavorables condamnent le directeur. Ce président fait preuve de déni collectif en donnant raison au trio, sous prétexte que trois témoignages valent plus qu'un seul. Le président décide le licenciement du directeur général pour mettre fin à l'ambiance infernale. Le diagnostic responsabilise un fusible à l'origine du problème d'un système qui dysfonctionne. Or c'est le troisième fusible qu'on change, et le problème continue. S'agissant d'une association, le président est un bénévole : s'il fait preuve de complicité, c'est par désir de tranquillité. Il n'en reste pas moins que son déni assure l'impunité au trio pervers. Or, ce trio infernal s'est attaqué aux trois directeurs successifs et a obtenu leur licenciement ou leur démission, supprimant ainsi tout contre-pouvoir au pouvoir du président. Une fois le directeur général licencié, un des membres du trio pervers réussit à être nommé directeur général par le conseil d'administration de l'association.

Interrompre à temps le processus

La durée du harcèlement est un facteur de pronostic défavorable pour la cible concernant ses chances de retrouver un emploi, et un facteur aggravant les conséquences du harcèlement sur sa santé physique et mentale.

Interrompre à temps la situation de harcèlement stoppe l'évolution dramatique de la spirale infernale des agissements hostiles et atténue les séquelles psychiques et physiques occasionnées par le harcèlement moral au travail.

Vers une reconnaissance juridique ?

Le Conseil économique et social rappelle le caractère inadmissible du harcèlement moral au travail : « *Il nous faudra dire avec force que dans un État de droit tel que le nôtre, de tels agissements, atteignant la dignité et l'intégrité des personnes, même s'ils se fondent sur le fallacieux prétexte des contraintes économiques ou de la bonne gestion du service, même s'ils surviennent dans le champ clos des relations de travail, ne sauraient être tolérés*[1]. »

Les responsabilités, qu'elles soient personnelles ou inhérentes à la stratégie de l'entreprise, du service ou de l'association, doivent être recherchées et faire l'objet de sanctions adaptées. Les sanctions sont décidées par l'employeur dans l'entreprise, l'association ou l'administration. Dans les situations de harcèlement où les agissements hostiles résultent d'une stratégie délibérée de l'entreprise, il est illusoire de penser que l'employeur puisse être juge et partie. Ce type de harcèlement, qui est fréquent, milite en faveur d'une reconnaissance juridique du harcèlement comme accident du travail, qui impliquerait financièrement l'employeur et l'inciterait à vraiment interdire le harcèlement.

Loi de janvier 2002

En janvier 2002, le harcèlement moral est reconnu passible de 15 000 euros d'amende et d'un an de prison : « *Le fait de harceler autrui par des agissements répétés ayant pour objet ou pour effet une dégradation des conditions de travail susceptible de porter atteinte à ses droits et à sa dignité, d'altérer sa santé physique ou mentale ou de compromettre son avenir professionnel, est puni d'un an d'emprisonnement et de 15 000 euros d'amende*[2]. »

---

1. DEBOUT M., *op. cit.*
2. Code pénal, article 222-33-2.

La législation souligne le caractère répréhensible du harcèlement. La répression des harceleurs est prévue explicitement par la loi : « *Est passible d'une sanction disciplinaire tout salarié ayant procédé aux agissements définis à l'article 122-49 (interdiction du harcèlement moral)*[1]. »

🔍 À noter

Un chef d'entreprise a été condamné à deux ans de prison avec sursis et à 15 245 euros d'amende pour avoir harcelé moralement ses salariées. Ses brimades étaient quotidiennes (interdiction de sourire, de parler, de lever la tête, retenue sur salaire pour cinq minutes de retard, etc.) et la dépression de nombreuses employées avait alerté le médecin du travail[2].

Abus de la loi

La loi de janvier 2002, comme toute nouvelle jurisprudence, a ouvert la voie à toutes sortes d'interprétations. Cette loi a créé une sorte d'appel d'air : les recours se sont multipliés, les prud'hommes ont été débordés de cas de harcèlement moral. Des salariés en ont profité pour demander des indemnités alors qu'ils n'étaient pas victimes de ce phénomène, mais ils ont réussi à monter un dossier contre leur employeur.

Malheureusement, les vrais cas de harcèlement se trouvent noyés dans la masse de plaintes, de telle sorte qu'il est plus difficile aujourd'hui de faire reconnaître un vrai harcèlement.

---

1. Code du travail, article L. 122-50.
2. Association *Harcèlement moral Stop*.

Exemple : Abus favorisés par la loi

Le chef de greffe adjoint au Conseil des prud'hommes de Paris mentionne que la quasi-totalité des salariés qui contestent aujourd'hui leur licenciement disent avoir été harcelés. Ce sont certaines failles et incohérences de la loi de janvier qui ont conduit à de tels abus. Il reconnaît que la définition officielle du harcèlement est floue et totalement subjective : « *N'importe quel agissement répété d'un supérieur ou d'un collègue susceptible de toucher la dignité d'une personne, de compromettre sa santé ou son avenir professionnel peut être condamné.* » Ainsi, « *une critique un peu trop vive, des refus répétés de promouvoir ou une charge de travail jugée excessive peuvent désormais mener l'entreprise droit au tribunal ou aux prud'hommes[1]* ».

À noter

La dérive de la multiplication des recours, certains justifiés et d'autres injustifiés, a conduit à une révision de la loi, le 3 janvier 2003.

Modification de la charge de preuve

À l'origine, c'était à l'employeur d'apporter la preuve que le harcèlement n'existait pas, alors que le salarié devait présenter « *les éléments de fait laissant supposer l'existence d'un harcèlement[2]* ».

Depuis le 3 janvier 2003, c'est au salarié de prouver le harcèlement. Il doit apporter des faits précis pouvant être qualifiés de harcèlement. L'administration de la preuve incombe à la cible, comme dans n'importe quel litige ou délit. Pour le Code du travail, il incombe au harcelé de justifier l'existence de ce harcèlement, et au harceleur de s'en défendre. C'est faire peu de cas de la spécificité du harcèlement moral, destiné à harceler de façon quasi invisible et imperceptible.

---

1. *Capital*, janvier 2003.
2. Article L. 122-52, loi du 17 janvier 2002.

🔍 **À noter**

Les membres du Conseil des prud'hommes ne reconnaissent pas le salarié comme victime de harcèlement par manque de preuves suffisantes : « *Un harcèlement moral ne peut pas se présumer : il doit être prouvé…Le salarié n'apportant aucune preuve tangible de ses dires, alors que la société interpellée répond point par point aux allégations, ne peut être reconnu victime d'un harcèlement moral[1].* »

Difficulté d'administrer la preuve de harcèlement

Le harcèlement se déroule le plus souvent sans témoin, sur une longue durée, sans actes directs, dans le brouillard des ordres contradictoires et des injustices invisibles aux collègues, des menaces voilées, des rumeurs malsaines, des mensonges, des falsifications, des sabotages du travail de l'autre. Comment prouver l'omission d'agissements comme la non-information, la mise au placard, la non-communication, etc. ? L'administration de la preuve est donc rendue très difficile de par la spécificité de la situation. De plus, la verbalisation étant l'une des armes favorites du harceleur, il faudrait que la loi autorise les enregistrements à l'insu du harceleur dans le cadre d'une présomption de harcèlement.

À l'inverse, la loi est devenue l'arme idéale des faux harcelés. Ceux-ci ont parfois obtenu des indemnités très confortables. Le profil du faux harcelé se rapproche davantage de la personnalité du harceleur que du portrait de la cible blessée dans son intégrité et son individualité.

🔍 **À noter**

Les vrais harcelés sont en plus grande difficulté depuis janvier 2003. Ils ne vont pas guetter les faits et gestes du harceleur, ne vont pas tout noter car ils n'ont pas cette vision persécutrice des relations humaines. Certains vrais harcelés n'auront pas de dossiers, ni de preuves. Ils se sont rendu compte trop tard qu'ils étaient pris dans un processus de harcèlement. Ils n'ont pas tenu la comptabilité des propos et des gestes du harceleur. C'est

---

1. HÉLIS P., MARTIN D., PATUREL D., « Le harcèlement moral en milieu professionnel. Regards croisés d'un juriste, d'un médecin du travail et d'une assistante sociale », *Performances*, n°2, 2003.

pourquoi ils ont du mal à se défendre car ils sont blessés dans leur dignité et n'ont pas la mentalité manipulatrice des faux harcelés, qui font feu de tout bois pour obtenir un bénéfice personnel. Les vraies cibles de harcèlement ne présentent pas la même véhémence verbale et comportementale que les harceleurs, qui, quant à eux, se présentent en victimes et abusent du climat de victimisation ambiant.

À noter

La loi de janvier 2002 prévoyait une procédure de médiation selon laquelle le médiateur était choisi par la victime, ou en accord avec l'employeur, le médiateur devant être étranger à l'entreprise où travaillait le salarié demandeur.

Désormais, l'intervention du médiateur est simplement envisagée et le choix du médiateur fait l'objet d'un accord entre les parties.

Les dispositions qui assuraient l'indépendance, la neutralité et l'impartialité du médiateur par le biais de sa désignation sur une liste arrêtée par le préfet ont été abrogées par la loi de janvier 2003.

Réactions de la cible

Certaines cibles de harcèlement sont tellement blessées, humiliées, meurtries qu'elles adoptent des réactions aggravant la disqualification, l'isolement. D'autres optent pour une attitude plus combative, parfois agressive ou même furieuse, comme un animal blessé qui attaque. Certaines cibles poussées à bout décident de faire justice elles mêmes, parce que :

– personne n'est intervenu efficacement pour stopper les agissements destructeurs ;

– le dialogue a été impossible ;

– la justice a exigé des preuves très difficiles à constituer ;

– la justice a accordé très peu de crédit à la dimension psychologique.

La vengeance ne vient qu'en ultime recours, après avoir tenté de s'abstraire matériellement, de subir la situation en faisant le gros dos. La vengeance est un geste de désespoir dans une situation d'impuissance totale. La loi du talion est dangereuse et déconseillée.

La fuite et l'évitement : des solutions efficaces ?

Certaines cibles optent pour une réponse qui relève non pas de la confrontation, mais de l'évitement et de la fuite.

Éviter revient à tenter par tous les moyens de ne plus subir le harcèlement moral, ou tout au moins les agressions psychologiques directes.

L'évitement est provisoire et se distingue en cela de la fuite. Il intervient lorsque la personne est devenue incapable de supporter le choc de la moindre agression, et qu'elle n'a plus les défenses nécessaires pour s'en protéger (limites du corps et du psychisme à supporter la durée et l'ampleur des agressions). La dépression signe une grande fragilisation des défenses. D'autres maladies ou troubles psychosomatiques peuvent apparaître chez certaines cibles de harcèlement. L'arrêt maladie permet de trouver un refuge transitoire, en attendant la reprise de contact avec le harceleur, lors du retour au travail.

Fuir est plus radical qu'éviter, puisqu'il s'agit cette fois de sortir de la situation, et non de se soustraire provisoirement aux attaques. La fuite peut prendre la forme d'un départ ou d'une démission. Ce n'est pas un échec, car la personne a cherché à préserver sa santé lorsqu'elle le pouvait. La fuite est plus problématique lorsqu'elle intervient comme ultime recours envisagé, sans que la personne sache par exemple comment elle assurera sa survie matérielle et financière. Ainsi en est-il de certaines démissions d'un poste de travail, sans autre visée d'emploi ou sans soutien financier à court ou moyen terme.

La fuite et l'évitement sont des solutions efficaces pour certaines cibles de harcèlement dans certains contextes professionnels, tandis qu'elles sont inadaptées pour d'autres cibles de harcèlement. La personnalité des cibles et des harceleurs, la forme de harcèlement, le type de harcèlement, la durée du harcèlement et le nombre de harceleurs influencent la décision de fuir ou d'affronter la situation. Cependant, quelle que soit la situation envisagée, aucune personnalité n'est préparée à affronter ce type de dysfonctionnements organi-sationnels.

À noter

La pratique du « *gros dos* » est fréquente et souvent encouragée par l'entourage, qui temporise et minimise souvent l'ampleur des attaques. La cible s'entend dire : « *Tu verras, ça va passer* », « *il va se calmer* ». Or, un harceleur ne se calme pas tant que sa victime est à portée de ses attaques.

La position du « *gros dos* » est une position passive, une attitude de soumission. C'est une position que l'enfant adopte par rapport aux parents ou plus généralement aux adultes. Certains adultes maintiennent une position de soumission car l'idée même d'une confrontation les panique. En revanche, une position affective mûre et adulte consiste à se demander s'il y a vraiment une utilité de subir. L'affirmation de soi ou *assertivité* ne doit pas être confrontée avec l'agressivité.

L'agressivité : une réaction fréquente

Certains membres de l'entourage professionnel ou personnel confondent affirmation de soi et agressivité. Faire valoir ses droits, défendre sa dignité, exiger le respect de son intégrité relèvent de l'affirmation de soi et représentent une nécessité psychologique essentielle. Il arrive cependant que les cibles de harcèlement présentent une certaine agressivité révélatrice de l'accumulation des agressions et de l'épuisement des ressources de la personne. Une cible de harcèlement moral peut devenir agressive car elle résiste à des agressions répétées et se défend. Adopter une attitude défensive est interprété à tort comme de l'agressivité, qui est alors utilisée par le harceleur contre la cible pour justifier ses agissements hostiles. Ainsi, le harceleur justifie ses agressions, au départ instaurées en raison de son propre sentiment de persécution. Ces justifications explicatives ont un effet pervers qui consiste à confondre les rôles, où le harceleur se met en position de victimisation.

Une aide médicale, juridique et psychologique

L'aide aux cibles de harcèlement est triple : médicale, psychologique et juridique.

Intervention médicale

La consultation du médecin du travail permet de rendre visible une situation méconnue : une visite médicale va assurer une médication qui peut aider la personne à gérer l'anxiété, l'angoisse, la dépression, les troubles du sommeil. Sur le plan institutionnel, les médecins n'ont pas de statut clair ni d'influence bien définie. Leur pouvoir est oral, insuffisant pour mettre fin au harcèlement, car médicaliser une situation n'est pas faire évoluer la situation. La décision d'une inaptitude définitive permet à la cible d'obtenir un licenciement dans de bonnes conditions, puis l'accès aux Assedic. Le travail de relation d'aide avec une cible de harcèlement engluée dans une relation d'emprise est une urgence que l'arrêt de travail permet de traiter. L'aide médicale doit s'accompagner d'une aide psychothérapeutique.

Intervention psychologique

Le salarié peut chercher du soutien auprès d'associations d'aide aux victimes, qui apportent une écoute et proposent différents soutiens tels que des groupes de parole, des aides juridiques. Les consultations psychologiques permettent l'expression de la souffrance individuelle.

Les services de maladies professionnelles se sont développés en région parisienne : il en existe à Nanterre, Garches, Cochin et Créteil.

En libéral, il faut choisir un psychologue connaissant le problème du harcèlement, car certains psychothérapeutes ne sont pas experts en psychologie du travail et parlent encore de « complicité des victimes. »

Aujourd'hui, les thérapies brèves connaissent un certain succès, et en particulier les thérapies comportementales et cognitives, les thérapies systémiques, etc.

Intervention juridique

La justice offre plusieurs possibilités : la prévention, la médiation et l'action en justice.

Sur le plan de la prévention, une réaction rapide permet d'éviter que le processus s'installe et peut couper court à de nouveaux agissements.

Le salarié, sur les conseils avisés d'un avocat, peut s'appuyer sur des témoignages pour porter plainte. Les témoignages sont difficiles à obtenir auprès des collègues. En l'absence de témoins, les dénonciations simultanées de plusieurs salariés peuvent être prises en compte par la justice. En France, c'est l'affaire des prud'hommes : 20 % des affaires sont conciliées, le jugement se fait en quelques mois, beaucoup sont mises en appel avec des délais de plusieurs années. Stopper l'isolement, créer des liens et rechercher des soutiens permet à la cible de harcèlement de retrouver une reconnaissance de sa valeur, et d'exercer de nouveau son droit à la communication et au travail. La cible doit avoir pour préoccupation première de rompre le mur du silence en vue de défendre son intégrité, sa dignité. Dans certains cas, les cibles engagent des procédures civiles ou pénales où la bataille s'avère longue, douloureuse, à l'issue incertaine et exige un état de santé solide ainsi qu'une forte personnalité.

À noter

Des consultations réunissant des médecins, des juristes et des psychologues se sont développées dans de nombreux services hospitaliers de médecine du travail et des pathologies professionnelles. Ce soutien multidisciplinaire permet aux cibles de sortir de leur solitude et de leur enfermement, d'éclaircir les différentes facettes du processus de harcèlement et de répondre selon des axes d'intervention différents et complémentaires : médical, juridique et psychologique.

À noter

La cible de harcèlement peut apprendre à se distancier, c'est-à-dire à ne plus se percevoir comme un souffre-douleur, une victime, mais à devenir observateur de ce qui se passe et de ce qu'elle vit. Se distancier, c'est redevenir acteur, c'est rejouer un rôle actif, redevenir auteur de la situation. Ce procédé suppose un travail de *désemprise* face à la situation.

La distanciation affective peut se manifester par des réactions plus sereines, teintées d'humour, d'assurance, d'autodérision.

Il s'agit de réagir comme si l'on n'était pas harcelé et de se distancier de l'emprise du harceleur. Au théâtre la distanciation est un procédé qui permet au spectateur d'éviter une adhésion trop affective à la fiction jouée sur la scène et de garder son esprit critique. Les psychologues pratiquent différentes techniques permettant à une personne d'apprendre à s'observer de l'extérieur, à changer de point de vue, à se décentrer de la situation, à adopter une autre vision du monde, etc. La distanciation permet de se sentir moins vulnérable, d'éveiller moins de soupçons irrationnels du côté de ceux qui pensent qu'il n'y a pas de fumée sans feu.

Quelques conseils utiles

Conseils aux cibles

Voici quelques règles élémentaires pour les cibles de harcèlement. Elles visent toutes à rompre le silence, à chercher du soutien social, à tester une solution au problème. Il est vivement conseillé à la cible de :

— communiquer et chercher de l'aide à l'intérieur ou à l'extérieur du milieu de travail ;

— tout noter, réunir le plus grand nombre de preuves possibles ;

— signaler le dysfonctionnement oralement puis, si cela ne change rien, écrire aux responsables en mentionnant qu'il s'agit du droit d'expression reconnu par le Code du travail[1] : en effet tous les travailleurs ont un droit à l'expression directe sur les conditions d'exercice et l'organisation du travail[2] ;

— exercer son droit d'expression : « *Les opinions que les salariés, quelle que soit leur place dans la hiérarchie professionnelle, émettent dans l'exer-*

---

1. Article L.461-1 du Code du travail.
2. RAVISY P, *op. cit.*

cice du droit d'expression, ne peuvent motiver une sanction ou un licenciement[1]. » ;

— interpeller courtoisement mais fermement, et responsabiliser l'auteur du harcèlement ;

— ne pas garder le silence, ne pas subir ;

— informer son employeur ;

— sensibiliser les collègues ;

— face à une mise au placard, et dans l'absence de travail, proposer aux collègues de les aider ;

— rechercher de l'aide : inspecteur du travail, médecins du travail, avocats, associations spécialisées, institutions représentatives du personnel (délégués du personnel, membres du CHSCT, membres élus du CE, délégués syndicaux, etc.) ;

— parler à ses proches ;

— consulter son médecin traitant, un spécialiste de la souffrance au travail (psychologue, psychiatre, etc.) ;

— en cas de besoin, s'arrêter de travailler ;

— quitter l'entreprise si la situation est insoutenable.

Alerter, puis au besoin se retirer : exercer son droit de retrait, c'est cesser de travailler à cause de la dangerosité potentielle présentée par la poursuite de l'activité professionnelle. L'avocat Philippe Ravisy[2] considère que le salarié ne doit faire usage du droit de retrait qu'après un ou plusieurs arrêts de travail : « *Aucune sanction, aucune retenue de salaire ne peut être prise à l'encontre d'un salarié ou d'un groupe de salariés qui se sont retirés d'une situation de travail dont ils avaient un motif raison-nable de penser qu'elle présentait un danger grave et imminent pour la vie ou pour la santé de chacun d'eux*[3]. »

---

1. Article L.461-1 du Code du travail.
2. RAVISY P., *op. cit.*
3. Article L.231-8-1 du Code du travail.

À noter

Le salarié peut prendre l'initiative de rompre son contrat de travail aux torts de l'employeur. On parle de prise d'acte de rupture de contrat de travail. Avoir démissionné n'enlève pas toute chance d'être indemnisé. Lorsqu'une démission est provoquée, elle peut être assimilée à un licenciement abusif. Toutefois, il faut collecter les preuves avant de quitter l'entreprise.

Exemples de décisions de justice

Conseil des prud'hommes de Paris, le 16 mai 2001 : « *Dès lors que pendant près de neuf ans, un salarié connaît une rétrogradation professionnelle progressive, non assortie de perspective de réemploi adaptée à ses qualifications et spécialités, le comportement de l'employeur peut être qualifié de harcèlement moral. … La rupture du contrat de travail devait être déclarée imputable à l'employeur*[1]. ».
Cour d'appel de Bordeaux, le 20 janvier 2003 : « *La rupture est imputable à l'employeur même si la salariée prend l'initiative de la rupture dès lors que la poursuite du contrat de travail est rendue insupportable… Dans ces conditions, la rupture du contrat de travail doit être assimilée à un licenciement illégitime*[2]. »

Conseils aux dirigeants, managers, employeurs

Tous les experts s'accordent à reconnaître que le harcèlement moral peut être évité si quelqu'un intervient précocement. Il faut donc apprendre à anticiper et à repérer les premiers signes de mésentente afin de désamorcer le conflit.

Améliorer le recrutement

La loi a été salutaire car elle a obligé les entreprises à être plus prudentes dans leur sélection et leur embauche, « *évitant de recruter des*

---

1. « Le harcèlement moral, panorama de jurisprudence », *Performances*, 12, 2003.
2. *Ibid.*

personnes fragiles et vulnérables, celles qui vont souffrir d'une exigence excessive de rendement et mal supporter les relations de travail[1] ».

Le harcèlement individuel exercé par des personnalités présentant des troubles de personnalité (narcissique, paranoïaque, obsessionnelle) peut être limité si ces personnalités sont évincées du recrutement grâce à l'utilisation de questionnaires de personnalité par des psychologues.

Améliorer l'information et la formation

L'information doit concerner tous les salariés, quel que soit leur statut hiérarchique. Ainsi, les comportements hostiles, agressifs ou violents sont reconnaissables et identifiés plus tôt. Or, le harcèlement doit être stoppé le plus tôt possible.

L'information amène chacun à s'interroger sur ses propres comportements à l'égard des collègues ou collaborateurs et sur les limites à ne pas dépasser. En cas de transgression des limites, les salariés sont informés de leurs droits et des recours possibles. Les agressions peuvent ainsi être exprimées et stoppées rapidement. Les agresseurs peuvent être démasqués, contrôlés et au besoin, révoqués.

La formation des encadrants et des managers est une action préventive conseillée. Ils y apprennent à repérer les prémices d'une situation propice au développement d'agissements hostiles et à gérer les conflits avant qu'ils ne dégénèrent en harcèlement moral au travail. La formation des professionnels intervenant en interne est souhaitable afin de leur permettre d'agir efficacement en cas de harcèlement au travail (équipe médico-sociale, DRH, délégués du personnel, etc.).

Connaître les indicateurs, les mécanismes, les phases du harcèlement assure une prévention efficace du processus de harcèlement au travail.

---

1. BOURGEOIS M.-L., « Le harcèlement, nouvel enjeu (psycho-judiciaire) des relations humaines », *Annales médico-psychologiques,* 162, 2004.

Afficher clairement l'éthique de l'entreprise

La lutte contre le harcèlement moral est mentionnée dans le règlement intérieur.

Le Code du travail rend obligatoire l'établissement d'un règlement intérieur dans les entreprises de plus de 20 salariés, qui « *rappelle également les dispositions relatives à l'interdiction de toute pratique de harcèlement moral au travail*[1] ».

Une charte explicitant l'éthique de l'entreprise peut être affichée. Certaines entreprises ont fusionné en un seul texte les dispositions concernant le harcèlement moral, le harcèlement sexuel et les discriminations.

Reconnaître le harcèlement comme un accident de travail

La reconnaissance du harcèlement comme accident du travail est une mesure qui permettrait de responsabiliser les différents partenaires impliqués dans le harcèlement moral au travail :

- les employeurs qui n'exercent pas leur obligation de prévention des agissements hostiles seraient financièrement sanctionnés ;
- les managers qui utilisent certains agissements hostiles comme techniques de management devraient modifier leur style managérial ;
- les cibles obtiendraient réparation des préjudices subis ;
- les harceleurs qui sévissent en toute impunité seraient davantage sanctionnés et contrôlés ;
- les témoins qui se taisent seraient encouragés par leur hiérarchie à ne plus tolérer les agissements hostiles au travail.

---

1. Code du travail, article L.122-34.

En résumé

Certains styles de management sont plus propices que d'autres à l'apparition de processus de harcèlement, dont les remèdes sont d'ordre juridique, médical, psychologique et organisationnel. Toutefois, la question se pose de savoir s'il faut continuer à soigner les symptômes ou, au contraire, éradiquer les conditions propices à la souffrance au travail. Cette seconde perspective appelle la reconnaissance du harcèlement comme accident du travail, ce qui inciterait les employeurs à vraiment condamner les agissements hostiles et leurs auteurs.

Conclusion

Nous espérons que ce livre aura aidé les lecteurs à mieux repérer le harcèlement, ses multiples visages et les différents masques utilisés par les harceleurs pour s'octroyer le rôle de victime.

Oui, le harcèlement est multiforme et peut être horizontal ou vertical, ascendant ou descendant, individuel ou collectif, organisationnel ou stratégique, professionnel ou institutionnel. Au final, le harcèlement est souvent mixte et les responsabilités sont multiples et partagées.

Il est erroné de dire que le harcèlement est l'œuvre d'un pervers narcissique, même si les traits de personnalité du pervers narcissique se prêtent particulièrement bien aux agissements hostiles caractérisant le harcèlement. Le nombre de pervers narcissiques n'a pas décuplé dans le monde du travail durant ces dernières décennies, alors que le nombre de plaintes et de victimes psychiques a explosé.

Il est dangereux d'opposer harceleur et victime, car une telle dichotomie évince d'une part le contexte organisationnel au sein duquel éclatent les conflits de valeurs relatifs au travail, et d'autre part l'employeur, qui est un partenaire spécifique du harcèlement, dans la mesure où il a le pouvoir de prévenir les agissements hostiles, le devoir de sanctionner les harceleurs et la responsabilité de la santé et de la sécurité des salariés.

Il est irresponsable de banaliser les agissements hostiles, c'est-à-dire de les considérer comme normaux dans l'univers professionnel lorsque les statistiques mondiales et européennes révèlent l'ampleur de la violence au travail en France, qui occupe un rang peu glorieux dans le classement mondial. Le malaise au travail en France est alarmant, ses conséquences sur la productivité sont considérables et ses effets sur le bien-être physique et psychologique des salariés sont désastreux.

Il est lâche de responsabiliser les cibles car celles-ci ont le courage de ne pas se soumettre, de résister aux manipulations, de lutter contre l'assujettissement dans les luttes de pouvoir au cœur des phénomènes de harcèlement. En effet, les agissements hostiles visent à rappeler qui a le pouvoir et à obtenir des récalcitrants leur soumission.

Le harcèlement exige la réunion dans une unité de temps et de lieu de plusieurs facteurs (organisationnels, individuels) et de plusieurs partenaires (dirigeants passifs fuyant les conflits, témoins silencieux, managers productivistes, collègues individualistes). Le harcèlement révèle au grand jour une carence d'éthique dans le milieu professionnel, des déficiences managériales, une gouvernance problématique et une réglementation peu dissuasive.

Soigner les victimes, les indemniser ne traite pas les conditions responsables du harcèlement au travail mais soigne uniquement la partie émergée de l'iceberg.

C'est pourquoi il faut stopper la psychologisation du harcèlement, qui oriente vers une individualisation, une médicalisation de la souffrance au travail, alors que les conséquences de la violence au travail au niveau économique et social, mais aussi sur le plan de l'exclusion du marché du travail des cibles, appellent la reconnaissance du harcèlement comme accident du travail afin d'obliger les entreprises à interdire les agissements hostiles en les pénalisant financièrement.

Le harcèlement moral au travail appelle une responsabilisation de tous ses acteurs : harceleurs, témoins, cibles, dirigeants ; des premiers rôles comme des seconds ; des complices comme des actifs, des individus comme des collectifs.

Il est important de rappeler que :

- le harcèlement désorganise en profondeur le tissu relationnel de l'entreprise, le travail d'équipe, l'ambiance de travail ;

- l'entreprise ne tire aucun bénéfice d'une ambiance délétère régnant au travail en termes de production ou de création ;

- l'employeur a une obligation de prévention du harcèlement et une obligation de résultats ;

- les agissements hostiles de harcèlement illustrent un affaiblissement du sens moral au niveau de l'individu et du collectif, social et professionnel ;

- la permissivité croissante de la société, qui légitime le mépris et le non-respect d'autrui, ouvre aux personnalités pathologiques, perverses et autres, un champ d'action plus étendu où elles peuvent exercer leurs talents destructeurs sans être soumis à la réprobation sociale.

Chercher de l'aide auprès des associations contre le harcèlement

Dès le milieu des années quatre-vingt dix, des associations se sont créées pour lutter contre le harcèlement moral au travail, apporter un soutien juridique et psychologique aux cibles de harcèlement. Il s'agit le plus souvent d'associations de victimes.

Association contre le harcèlement professionnel (ACHP)
Président Luis Gonzalez-Mestres
17, rue Albert-Bayet
Appt. 1105
75013 Paris
Tél. : 01 45 83 07 20
achp@free.fr
www.ifrance.com/achp

Association *Harcèlement Moral Stop* (HMS)
11, rue des Laboureurs
94150 Rungis
Tél. : 06 07 24 35 93
www.hmstop.com

Association *Mots pour maux au travail*
47, rue de la Course
670000 Strasbourg
Tél. : 03 88 22 22 06
motspourmaux@wanadoo.fr

Association nationale des victimes de harcèlement psychologique au travail (ANVHPT)
Maison des associations
3, boulevard des Lices
132000 Arles
Tél. : 04 90 93 42 75

Association *SOS harcèlement moral*
6, rue du Pont Colbert
78000 Versailles
Tél. : 06 78 17 90 68
www.sosharcelementmoral.free

Association *S.O.S Harcèlement professionnel* (SOSHP)
Solidarité Souffrance au Travail (SST)
Maison des associations
Chemin des Tartuges
13800 Istres
Tél. : 04 42 11 04 79
http://asso-sst.net/NosPermanences.htm

Association Contre le harcèlement
BP 52 76302 Sotteville-les-Rouen
Tél. : 02 35 72 15 15
Contre-le-harcelement@wanadoo.fr

Il existe aussi des associations de professionnels : psychologues, psychothérapeutes, médecins du travail, juristes impliqués dans le traitement et la prévention de la souffrance psychologique au travail.

Site de l'auteur
http://psycho-ressources.fr
E-mail
elisabeth.grebot@univ-reims.fr

Bibliographie

ARENDT H., *Eichmann à Jérusalem*, Gallimard, 1966.

ARQUÈS P., *Le harcèlement dans l'enseignement, causes, conséquences, solutions*, L'Harmattan, 2003.

AUBERT N., DE GAULEJAC V., *Le coût de l'excellence*, Seuil, 1991.

BAUGÉ J. et coll., « Harcèlement au travail : étude des cas rencontrés en service interentreprises et du devenir de ces salariés un an après la dernière consultation », *Archives des maladies professionnelles et de l'environnement*, 65, mai 2004.

BENSEFA L. et coll., « Harcèlement moral et pronostic professionnel chez 126 patients d'une consultation de pathologie professionnelle », *Archives des maladies professionnelles et de l'environnement*, 65, mai 2004.

BÉRANGER P., DESCHAMPS F., « Prévalence et typologie du harcèlement moral professionnel », *Archives des maladies professionnelles et de l'environnement*, 63, août 2002.

BILHERAN A., *Le harcèlement moral*, Armand Colin, 2006.

BOURGEOIS M.-L., « L'arlésienne du harcèlement moral au travail », *Annales médico-psychologiques,* 162, 2004.

BOURGEOIS M.-L., « Le harcèlement, nouvel enjeu (psycho-judiciaire) des relations humaines », *Annales médico-psychologiques* 162, 2004.

Bureau international du travail, rapport sur la santé mentale au travail, « En Allemagne, aux États-Unis, Finlande, Pologne, Royaume-Uni, le coût du stress professionnel augmente et la dépression est une pathologie de plus en plus courante », octobre 2000.

CHIARONI J., « Le harcèlement moral au travail. Étude auprès des médecins du travail de la région PACA », *Archives des maladies professionnelles et de l'environnement*, 62, 2001.

CHIARONI J., CHIARONI P., « Données épidémiologiques des situations de *mobbing* au travail d'après une enquête effectuée auprès des médecins du travail en région PACA, Un profil type du salarié harcelé ? », *Archives des maladies professionnelles et de l'environnement*, 62, 2001.

DE GASPARO C., GRENIER-PEZÉ M , « Étude d'une cohorte clinique de patients harcelés : une approche sociologique quantitative », *Documents pour le médecin du travail*, 95, 2003.

DEBOUT M., *Le harcèlement moral au travail*, rapport du Conseil économique et social, 2001.

DEJOURS C., *Travail, usure mentale*, Bayard, 1993.

DEJOURS C., *Souffrance en France, la banalisation de l'injustice sociale*, Seuil, 1998.

DEPOLO M., GUGLIELMI D., TODERI S., « Prévenir le harcèlement moral au travail, le rôle du contrat psychologique », *Psychologie du travail et des organisations*, 10, 2004.

DESRUMEAUX-ZAGRODNICKI P., « Harcèlement moral au travail, sortir du silence et créer des liens », *Le Journal des psychologues*, 212, 2003.

DRIDA M., ENGEL E., LITZENBERGER M., « Du harcèlement ou la violence discrète des relations de travail », Actes du 2° CIPPT, Paris, 1999.

EGRETEAU F., MARGUET G., « Souffrance mentale au travail en Franche-Comté », *Archives des maladies professionnelles et de l'environnement*, 63, 2002.

EIGUER A., *Des perversions sexuelles aux perversions morales*, Odile Jacob, 2001.

EIGUER A., *Le pervers narcissique et son complice*, Dunod, 2003.

EIGUER A., *Petit traité des perversions morales*, Bayard, 1997.

GRÉARD N., « Le harcèlement moral au travail et ses impacts humaines et professionnels, les enjeux de la question », *Performances*, 2, 2002.

GRÉARD N. et coll., « Le harcèlement moral au travail », *Annales médico-psychologiques*, 162, 2004.

GRENIER-PEZÉ M., « Le harcèlement moral, approche psychosomatique, psychodynamique, thérapeutique », CAMIP, 2, 2001.

GRENIER-PEZÉ M. et coll., « La maltraitance dans les relations de travail », *Le concours médical*, 2001.

GRENIER-PEZÉ M., SOULA M.-C., « Harcèlement au travail, l'interrompre en urgence », *La Revue du praticien*, 15, 537, 2001.

HAYS G. et coll., « Évaluation de l'incidence annuelle des cas probables de harcèlement moral au sein de petites et moyennes entreprises (PME) de l'Île-de-France », *Archives des maladies professionnelles et de l'environnement*, 65, 2004.

HÉLIS P. MARTIN D., PATUREL D., « Le harcèlement moral en milieu professionnel. Regards croisés d'un juriste, d'un médecin du travail et d'une assistante sociale », *Performances*, 2, 2003.

HIRIGOYEN M.-F., *Le harcèlement moral, la violence perverse au quotidien*, Pocket, 1998.

HIRIGOYEN M.-F., *Le harcèlement moral dans la vie professionnelle, démêler le vrai du faux*, Pocket, 2002.

HIRIGOYEN M.-F., « Le harcèlement moral au travail en 2003 », *Le journal international de victimologie*, 1, 3, 2003.

KLEIN M., *Envie et gratitude*, Gallimard, 1978.

LÉGERON P., « La santé mentale au travail, un enjeu humain et économique », *La presse médicale*, 35, 2006.

LEYMANN H., *Mobbing, la persécution au travail*, Seuil, 2002.

MANCEL C., « Les phénomènes et situations de violence en milieu professionnel », *Performances*, 2, 2002.

MASSON-MARET H., STEINER D., « Climat de justice et harcèlement moral : perspectives théoriques et outils de diagnostic », *Psychologie du travail et des organisations*, 2004.

MEZERAI M., DAHANE A., TACHON J.-P., « Dépression dans le milieu du travail », *La presse médicale*, 35, 2006.

MILGRAM S., *Soumission à l'autorité*, Calmann-Lévy, 1974.

MULLER M., *Terreur au travail*, Fayard, 2002.

PAOLILLO A.-G. et coll., « Devenir socioprofessionnel de 204 patients en situation de harcèlement moral professionnel présumé », *Archives des maladies professionnelles et de l'environnement*, 65, 2004.

POILPOT-ROCABOY G., « Le processus de harcèlement professionnel », *Revue française de gestion*, 31-51, 2000.

RACAMIER P.-C., *Le génie des origines, psychanalyse et psychoses*, Payot, 1992.

RAVISY P., *Le harcèlement moral au travail*, Delmas, 2004.

SAILLARD C, SAUTEJEAU V. « Conditions de travail et santé des apprentis de moins de 18 ans de la Vienne », *Santé et travail,* 33, 2000.

SEILER-VAN DAAL, B., Thèse de médecine, « Évaluation du harcèlement moral, enquête dans une population de 1210 salariés et exploitation dans le but de construire un outil de dépistage », université Louis-Pasteur, faculté de médecine de Strasbourg, 2000.

SOLIGNAC M., « Le harcèlement moral à l'hôpital », *La presse médicale*, 31, 2002.

TRUCHOT D., *Épuisement professionnel et* burnout : *concepts, modèles, interventions*, Dunod, 2004.

VIAUX J.-L., « Harcèlement et psychotraumatisme », *Stress et trauma*, 2004.

VIAUX J.-L., BERNAUD J.-L., « Le harcèlement psychologique au travail : une recherche nationale auprès des victimes », *Pratiques psychologiques*, 4, 2001.